KB236694

일본의 논점
2026-2027

일본의 논점 2026-2027

오마에 겐이치

日本の論点

미래 생존 시나리오

오마에 겐이치 지음
이정환 옮김

머리말

이 책《일본의 논점 2026-2027》은 격주간지《프레지던트》에 연재 중인 칼럼 '일본의 구조'의 1년 치 원고를 바탕으로 재구성하고, 머리말을 더해 엮은 것이다. 각 테마는 집필 당시의 논리를 최대한 살리는 데 중점을 두었으므로, 이후 발생한 정세 변화에 따른 정보 업데이트는 최소한에 그쳤음을 미리 밝혀둔다.

2025년 가을, 일본은 새로운 국면을 맞이했다. 2024년 10월 중의원 선거와 2025년 7월 참의원 선거에서 잇달아 과반수 의석 확보에 실패한 이시바 시게루(石破茂) 당시 총리는 "이시바는 물러나라!"라는 압력에 굴복해 결국 퇴진을 선언했다. 이에 따라 10월, 자민당의 새로운 리더를 뽑는 총재 선거가 치러졌다. 입후보한 5명은 작년 총재 선거 때와 동일한 인물들이었다. 당초 고이즈미 신지로(小泉進次郎)가 우세할 것이라는 예상을 뒤엎고, 보수파인 다카이치 사나에(高市早苗)가 총재로 선출되었다. 통상적이라면 다카이치가 국회 지명을 받아 총리가 되었겠지만, 자민당과 오랜 연립을 유지해온 공명당이 연립 해소를 선언하면서 상황이 복잡해졌다.

야당이 반(反) 자민당으로 뭉쳤다면 정권 교체도 가능했겠으나, 결과적으로 일본유신회와 자민당 간의 연립 협의가 성사되면서 10월 21일 다카이치가 일본 헌정사상 최초의 여성 총리로 선출되었다. 7월 참의원 선거 이후 3개월간의 혼란 끝에 새 정부가 출범한 것이다.

격동하는 국제 정세 속에서 일본의 키를 쥔 리더가 여성이라는 사실은 역사적 전환점으로 기억될 것이다. 하지만 나는 '여성 최초'라는 표면적인 화제보다 그 이면에 있는 '세대교체의 필연성'을 더 강하게 느낀다. 정치, 경제, 사회 전반에 걸쳐 낡은 사고방식을 반복해온 일본에 지금 필요한 것은 '새로운 시대 인식 능력'이다.

세계는 2차 트럼프 행정부 출범이 상징하듯 다시 분단과 불확실성의 시대로 접어들었다. 미국에서는 국론 분열과 이민 배척의 광풍이 몰아치고, 유럽 각국에서도 극우 정당이 득세하고 있다. 그 근저에는 세계화로 인한 부의 편중과 중산층 몰락이 자리 잡고 있다. 경제 효율화와 디지털화가 가속화될수록 사회는 분열되고, 대중의 분노와 불안은 정치를 집어삼킨다.

트럼프 행정부의 혼란은 미국 내부 문제에 그치지 않는다. 2025년 1월 재집권한 트럼프 대통령은 다시금 '아메리카 퍼스트'를 내세우며 세계 경제를 교란하고 있다. 자동차, 철강, 반도체에 대한 고율 관세를 부활시켰고, 동맹국인 일본과 유럽에도 가차 없이 관세를 부과한다. 관세 인상은 자국 산업 보호 목적이라기보다 외교 협상의 '위협 카드'로 쓰이고 있다.

WTO 체제가 흔들리고 일부 국가가 보복 관세로 맞대응하면서 세계 경제는 새로운 무역 전쟁의 소용돌이에 휘말렸다. 한편 트럼프 대통령은 우크라이나 전쟁의 정전을 빌미로 유럽을 흔들고 있다. 러시아 제재 강화에는 신중하면서 우크라이나 군사 지원은 삭감하겠다는 방침을 내비쳤다. 평화 협상이라는 명분 아래 러시아의 점령지 지배를 사실상 용인하는 제안을 함으로써 NATO와의 관계도 묘한 긴장 상태에 빠졌다. 우크라이나인들에게 그것은 '평화'가 아니라 '양보와 정체'일 뿐이다. 전쟁 장기화로 유럽 경제는 에너지난과 방위비 부담에 시달리고 있다.

중동 역시 불안하다. 이스라엘과 중동 국가들의 관계 개선을 꾀했던 '아브라함 합의'는 겉보기엔 성과를 낸 듯했으나 실상은 살얼음판이다. 트럼프 대통령이 다시 친이스라엘 노선을 강화하고 팔레스타인 지원을 삭감한 탓에 지역 긴장은 오히려 고조되었다. 이란 핵 문제도 진전이 없고, 사우디아라비아와 튀르키예는 독자적인 안보 체제를 모색하기 시작했다. 중동의 '힘의 균형'이 무너지고 유가가 요동치며 세계 경제를 위협하고 있다.

트럼프식 '거래 외교'는 단기적으로는 미국의 이익을 챙길지 몰라도, 장기적으로는 세계 질서의 예측 가능성을 파괴한다. 국제 정치가 규칙이 아닌 '협상과 거래'로 움직이는 시대, 이것이 지금의 현실이다.

이러한 세계적 혼란 속에서 일본이 가야 할 길은 '자립'과 '다극적 공존'이다. 미국의 눈치만 보는 외교에서 벗어나 유럽, 중국, 인도, 동남아, 중동, 아프리카 등 다양한 지역과 다층적 파트너십을 구축해야 한다. 안보도 경제도 이제 특정 국가에만 의존해서는 생존할 수 없다.

그런 의미에서 나는 2026년을 '전후 80년의 재설계 원년'으로 정의하고 싶다. 일본은 오랫동안 '미국이 지켜주는 나라', '수출로 돈 버는 나라'였지만, 이제는 '구상하는 나라', '과제를 해결하는 나라'로 탈바꿈해야 한다. 방위, 에너지, 농정, 교육 등 모든 분야에서 '스스로 설계하는 능력'을 되찾아야 한다.

농정을 예로 들면, 전후 계속된 '농협-관료-정치'의 이권 구조가 여전히 일본의 식탁을 옥죄고 있다. 보조금과 감반(생산조정) 정책 탓에 생산성은 떨어지고 국민은 비싼 쌀값을 감당해야 한다. 이 '농정 트라이앵글'을 타파하고 전 세계 최적지에서 안전하고 저렴한 식량을 확보하는 '위장성(胃臟省)'을 구상하는 것이야말로 현대판 국가 안보 정책이다.

정치는 제도를 지키는 것이 아니다. 국민의 삶을 지키기 위해서라면 제도를 부술 용기가 있어야 한다. 교육이나 기업 문화도 마찬가지다. 실패가 두려워 도전을 피하고 안정만 좇는 문화가 청년들의 창의력을 죽이고 있다. AI와 디지털이 사회 근간을 바꾸는 지금이야말로 '실패해도 되는 사회'를 디자인해야 한다. 혁신은 제도 파괴와 재창조에서 나온다.

냉정히 보면 과거의 질서는 더 이상 통하지 않는다. 유엔은 기능 부전 상태고 G7의 결속도 느슨해졌다. 트럼프 행정부의 돌발 행동이 시장과 외교를 뒤흔들 때마다 각국 지도자에게는 '대화보다 임기응변'이 요구된다. 정치는 이제 이념이 아니라 '순발력'의 시대다. 따라서 일본의 리더에게는 냉철한 분석력과 장기적 국가 구상력, 두 가지 모두가 필요하다.

다카이치 내각이 이 거센 파도를 넘을 수 있을지는 미지수다. 그러나 나는 이 변화의 시대를 '기회'로 본다. 전후 일본이 숱한 위기에서 일어설 수 있었던 원동력은 현장의 창의성과 민간의 힘이었다. 정치가 혼미해도 기업, 지자체, 시민이 움직이면 나라는 바뀐다. 세계가 놀랐던 '일본의 기적'은 다시 일어날 수 있다. 2026년이라는 새해를 맞으며 우리는 '절망의 공유'가 아니라 '희망의 설계'를 선택해야 한다. 희망은 주어지는 것이 아니라 구축하는 것이다. 이 책이 독자 한 사람 한 사람이 스스로 생각하고 행동하는 계기가 되어, 다음 시대를 비추는 나침반이 되기를 바란다.

2025년 11월
오마에 겐이치

2부. 세계편

: 트럼프 2.0 시대의 자국 우선주의와 유럽의 우경화, 중국의 부동산 버블과 AI 약진 등 급변하는 국제 정세에서 나아갈 길을 찾다.

1부

일본편

농정 카르텔과 경직된 교육, 저출산의
위기 등 일본 사회가 직면한 난제 속에서
나아갈 바를 배우다.

식량자급률의 환상과 농정 트라이앵글… 일본 농업은 왜 미래를 잃었나

필요한 것은 '농민어민성'이 아니라 '위장성'이다

슈퍼마켓 진열대에서 쌀이 사라진 '레이와(令和. 2019년 5월 1일, 제126대 나루히토 일왕의 즉위와 함께 사용되기 시작한 일본의 공식 연호) 쌀 파동'. 늘 당연하게 사 먹던 쌀을 갑자기 구할 수 없게 되자 당황한 사람들이 많았을 것이다. 하지만 이것이 꼭 나쁜 일만은 아니다. 이 소동 덕분에 일본 농정의 왜곡된 실태가 적나라하게 드러났기 때문이다.

전후 일본의 농정은 여전히 '농민 국가' 시절의 기억 위에 서 있다. 1945년 패전 당시 일본 농업 인구는 총인구의 절반에 육박했다. 국민 2명 중 1명이 농민이었으니, 농업은 국가를 지탱하는 기둥이었다.

그러나 현재 일본 총인구 중 농업 종사자 비율은 고작 1.6%다. 전후 80년이 흐르며 일본 사회는 완전히 도시화했고 경제 구조도 고도화되었다. 그럼에도 농정의 제도와 설계는 패전 직후의 틀에서 거의 벗어나지 못했다.

농림수산성의 실태를 보면 국민의 식생활을 고민하는 조직이 아님을 알 수 있다. 차라리 '농민어민성'이라 부르는 편이 낫다. 그들의 목적은 오로지 '농민'과 '어민'이라는 기존 지원 대상을 지키는 데 있는 것처럼 보인다. 변화를 싫어하는 관료들이 제도를 사수하는 것을 사명으로 여긴 탓이다. 그 결과, 국민의 '위장'을 책임져야 한다는 본분을 망각한 관료 기구만 남게 되었다.

이 구조는 정치권에도 깊이 뿌리박혀 있다. 1955년 창당 이래 장기 집권해온 자민당은 농가 조합인 농협에서 표를 얻는 대가로, 농림수산성을 통해 농가 우대 정책을 펼쳐왔다. '자민당-농림수산성-농협(농가)'으로 이어지는 이 3자의 이권 카르텔이 바로 내가 지적하는 '농정 트라이앵글'이다.

앞서 말했듯 농업 종사자는 이제 취업 인구의 1.6%에 불과하다. 시대가 변했으니 농정도 다시 설계해야 마땅하다. 그러나 자민당은 거대한 정치 기구로 변질된 농협을 여전히 표밭으로 여기며 이권 구조에 손을 대지 않았다. 그 결과 일본 농정은 현실과 동떨어진 기형적인 모습이 되고 말았다.

최근 쌀값 폭등의 주범도 이 농정 트라이앵글이다. 정부는 쌀값을 높게 유지하기 위해 생산량을 인위적으로 줄이는 감반(생산 조정) 정책을 펴왔다. 생산량이 줄어 농가 수입이 감소하면 보조금으로 메워준다. 그 보조금은 당연히 국민 세금이다. 국민은 소비자로서 비싼 쌀값을 치르고, 납세자로서 보조금까지 부담하는 이중고를 겪고 있다.

농정 트라이앵글의 수혜자는 농가뿐만이 아니다. 지방에서는 토건업자들도 이권에 가세해, 쌀 생산을 줄이는 정책을 펴면서도 한편으론 논을 새로 정비하는 포장정비(圃場整備. 역주: 농경지의 기반 시설과 환경을 개선해 농업 생산성과 이용 효율을 높이는 사업) 공사도 성행하고 있다. 아무리 생각해도 모순된 정책이지만 표만 된다면 정합성 따위는 중요하지 않다. 그야말로 '디스 이스 재팬(This is Japan)'이다.

정치인은 당선되기 위해 농민의 환심을 사고, 관료는 예산을 지키며, 농협은 기득권을 강화한다. 일본 농정의 가장 큰 결함은 제도가 국민이 아닌 '농민을 지키기 위한 시스템'으로 전락했다는 점이다.

나는 1994년부터 "위장성(胃臟省)을 만들어야 한다"고 제안해왔다. 식량을 국가 안보의 핵심으로 규정하고, 전 세계 최적지에서 안전하고 저렴한 식량을 확보하는 부처가 필요하다는 뜻이다. 이것이 본래 국가가 취해야 할 농업 정책이다. 그러나 일본은 지난 30년간 기득권의 벽을 넘지 못했다. 그 결과 쌀 파동, 엔저로 인한 식료품 가격 급등, 농업 인구 고령화 같은 비극이 반복되고 있다.

식량자급률이라는 환상

일본의 식량자급률은 겨우 38%다. 주요 선진국 중 최저 수준이다. 미국은 121%, 캐나다는 233%이며 프랑스도 130%가 넘고 독일조차 84%를 유지한다. 반면 일본은 쌀을 제외한 대부분의 농산물을 수입에 의존한다.

정부는 "유사시 쌀만큼은 100% 자급 가능하다"고 주장하지만 이는 허구다. 벼농사 농가의 평균 연령은 71세다. 기계화된 농업은 에너지 의존도가 높아 연료가 없으면 이앙기도 콤바인도 멈춘다. 관개 펌프도 돌릴 수 없다. 전쟁이나 재해가 발생해 수입이 끊기면 가장 먼저 바닥나는 게 연료다. "여차하면 쌀이 있다"는 발상 자체가 현실을 모르는 소리다.

'미니멈 액세스(Minimum Access) 쌀'의 존재도 모순적이다. 미일 협상에 따라 일본은 매년 30만 톤의 쌀을 미국에서 무관세로 의무 수입한다. 소비자 테스트에서 일본산과 동등한 맛이라는 평가를 받았음에도, 일본 농민 보호를 위해 이 쌀은 대부분 가축 사료로 돌려진다. 국민의 식생활보다 농민의 감정을 우선하는 정책이다. 이래서는 국가 안보가 성립될 리 없다.

전 세계 곡창지대가 흔들리고 있다

2022년 발발한 우크라이나 전쟁은 세계 식량 공급망을 뿌리째 흔들었다. 우크라이나는 비옥한 '흑토지대'(黑土地帶. Black soil)를 보유한 세계적 곡창으로, 평시라면 밀, 옥수수, 콩의 거대 수출국이다. 그러나 구소련 집단농장 붕괴 후 농지가 쪼개지며 효율적인 대규모 농업이 사라졌다. 지금도 농민 상당수가 자급자족 수준의 경작만 하고 있어 광활한 땅이 잠들어 있는 상태다.

세계 인구는 늘고 비료와 사료 가격은 급등하고 있다. 기후 변화로 인한 가뭄과 홍수도 공급 불안을 부채질한다. 이런 상황에서 일본은 여전히 '돈만 주면 세계 시장에서 식량을 살 수 있다'고 믿지만, 구매력 저하와 엔저 탓에 가격 경쟁에서 밀려 물량 확보에 어려움을 겪고 있다. 1990년대 세계 최대 식량 수입국이었던 일본은 이제 중국에 밀려 점유율이 18%로 떨어졌다(중국은 29%). '식량을 돈으로 살 수 있다'는 전제가 무너지고 있다.

농정의 구조적 비효율

일본의 식량 유통은 농협(JA)이 독점한다. 이번 쌀 파동 때

정부가 비축미를 풀었어도 가격이 잡히지 않은 이유는, 농협이 시장에 나온 쌀을 다시 사들여 비축했기 때문이다. 농업의 실태보다 제도 유지가 우선시되니 가격은 경직되고 소비자는 비싼 값을 치러야 한다.

최근 스마트폰이나 휴게소(미치노에키)를 통한 직거래가 늘고 있긴 하다. 농협을 거치지 않고 독자 브랜드로 식당이나 가정에 직접 파는 농가들이 생겨나고 있다. 하지만 이 물량은 44만 톤 정도로 전체 유통의 몇 퍼센트에 불과하다. 제도의 장벽은 여전히 높다.

어업도 마찬가지다. 어부 수는 급감하는데 어항 수는 그대로다. 어항의 90%가 적자이며, 어획고보다 항만 수리비가 더 많이 든다. 어업 보상 및 정비비 명목으로 공공사업이 끊이지 않기 때문이다. 어항이 생산 거점이 아니라 토건업자를 위한 '경제 장치'로 전락한 꼴이다. 농수산 행정은 산업 지원이 아니라 제도 유지를 위해 세금을 낭비하고 있다.

유럽의 '퀄리티 형' 농업을 지향해야 한다

그렇다면 농정을 어떻게 개혁해야 할까? '농업 생산액'과 '농업 수출액'을 두 축으로 세계 각국을 4개 그룹으로 분류해보자.

첫째, 생산액도 수출액도 모두 많은 '선진국 볼륨 형'이다.

미국, 호주, 캐나다처럼 드넓은 농지를 배경으로 기계화를 통해 대량 생산하고, 이를 수출 산업으로 키운 나라들이 대표적이다. 대규모화를 도모해 노동생산성이 좋고 수출 경쟁력도 높다.

둘째, 생산액은 많지만 농작물 대부분이 원료인 곡물로 자국 내에서 소비되기 때문에 아직 산업화하지 못한 '신흥국 볼륨 형'이다. BRICS(브라질, 러시아, 인도, 중국, 남아프리카공화국), 아르헨티나, 우크라이나 등이 전형적인 예로, 이들 국가는 모두 식량자급률이 높다.

셋째, 국토가 그리 넓지 않은 선진국에서 흔히 볼 수 있는 패턴으로, 곡물 생산에서 벗어나 부가가치가 높은 특정 농산물을 생산해 수익을 올리는 '퀄리티 형'이다. 생산액은 낮지만 수출액이 많은 것이 특징이다. 예를 들어 하우스 재배나 화훼 로열티로 수익을 올리는 네덜란드, 올리브오일이나 포도를 중심으로 수익을 창출하는 이탈리아, 유기농업과 치즈·요구르트 등 유제품에 특화된 스위스가 대표적이다.

넷째, 농업 생산액이 낮고 수출액도 낮은 패턴이다. 유감스럽게도 일본은 이 그룹에 속한다. 생산액이 낮아 식량자급률(칼로리 베이스)도 38%에 불과하다. 게다가 국제 경쟁력이 없어 수출액도 적다. 즉, 식량 안보와 산업화 모두 실패한 상태다.

이 상황에서 벗어나려면 농림수산성을 해체하고 재편해

야 한다. 현재 농림수산성은 농림수산업을 보호하는 데만 급
급할 뿐, 세계 시장에서 경쟁할 수 있는 산업으로 키운다는 의
식이 부족하다.

　나는 농림수산성을 경제산업성과 합병할 것을 제안하고
싶다. 기존 농림수산성 조직은 경제산업성 산하의 농산업국,
수산업국, 임산업국으로 존속시키면 된다. 농업을 경제산업
성 안에 둠으로써 보호에서 산업화로 시각을 전환하게 하는
것이다.

　산업화에서 농업이 지향해야 할 모델은 유럽에 많은 '퀄리
티 형'이다. 같은 산업화라 해도 미국이나 호주처럼 광활한 농
지가 없다면 '선진국 볼륨 형'은 실현하기 어렵다. 현재 일본
농지의 규모를 고려하면 유럽처럼 고부가가치 농산물 생산을
강화하는 편이 좋다.

　구체적으로 말하면, 일본 과일은 세계 시장에서 경쟁할 잠
재력이 있다. 예를 들어 야마가타(山形)의 체리 '사토 니시키(佐
藤錦)'나 야마나시(山梨)의 포도 '샤인머스캣'은 이미 브랜드화
되었다. 관광객을 마케팅 전략에 잘 활용하면 세계적인 인지
도를 높여 더 큰 부가가치를 창출할 수 있을 것이다.

유럽 각국의 농업 근대화에서 배우다

그럼 일본과 같은 고비용 구조를 가졌음에도 농산물의 국

제 경쟁력을 유지하는 나라들은 무엇을 해왔을까? 답은 명쾌하다. 농업을 '보호 대상'에서 '전략 산업'으로 전환한 것이다. 유럽 선진국들의 사례를 살펴보자.

1. 네덜란드: 지식 집약이 낳는 규슈(九州) 크기의 농업 대국

네덜란드의 국토는 일본 규슈 정도에 불과하다. 그런데도 농산물 수출액은 미국에 이어 세계 2위를 자랑한다. 이 작은 나라가 농업 대국이 될 수 있었던 열쇠는 '지식 집약형 농업'에 있다.

네덜란드 정부는 2000년대 초반 '푸드 밸리(Food Valley) 구상'을 내놓았다. 이는 농업을 IT, 바이오, 물류, 에너지와 연결해 산업으로 재설계한다는 국가 전략이다. 온실 재배에는 천연가스나 공장 폐열로 발생시킨 이산화탄소를 광합성 촉진에 활용했다. AI(인공지능)가 작물의 성장을 예측하고 드론이 관개를 자동 제어한다. 노동생산성은 일본의 10배이며, 토지 이용 효율은 세계 최고 수준이다.

아울러 화훼 시장의 국제 거래에서는 알스미어 화훼 경매장(Aalsmeer Flower Auction)이 중심을 이룬다. 이곳에서는 아프리카나 중동에서 생산된 꽃을 전자 거래로 관리하며 전 세계 유통을 사실상 지배한다. 네덜란드는 '꽃의 나라'라는 이미지를 살려 네트워크와 데이터로 농업 무역을 장악한 것이다.

이 나라의 강점은 '농업=과학'이라는 철학에 있다. 대학, 연구기관, 기업, 정부가 하나가 되어 농업을 이공계 산업으로 키워왔다. 일본이 보조금으로 연명을 꾀하는 데 반해, 네덜란드는 기술로 미래를 만들고 있는 것이다.

2. 스위스: 산악국이 구축한 '유기농 브랜드 국가'

스위스에는 넓은 평지도 온화한 기후도 없지만, 스위스의 농산물 수출액은 일본의 두 배에 달한다. 그 이유는 '브랜드 제도화'에 있다.

스위스는 자국 농산품의 '품질 자체가 브랜드'가 될 수 있도록 지원하는 정책을 채택했다. 유기농법을 추진해 엄격한 인증 제도를 마련하고 '스위스니스(Swissness) 법'에 따라 원산지명 표시를 의무화했다. '에멘탈(Emmentaler)', '라클렛(Raclette)' 등 치즈도 종류를 좁혀 품질을 철저히 관리한다.

이 구조는 단순 마케팅이 아닌 국경을 넘어 EU 시장과 경쟁하기 위한 생존 전략이다. 스위스 농가는 보조금보다 품질과 신뢰로 승부를 건다. 국경 없는 EU권의 매장에는 바로 다음 날이면 이웃 나라의 값싼 농산물이 진열된다. 따라서 경쟁력이 없으면 즉시 도태된다. 스위스 농민들은 그런 긴장감 속에서 세계 최고의 품질을 만들어낸다.

3. 이탈리아: 지방 도시가 브랜드를 만든다

이탈리아는 지방의 다양성을 그대로 경제 자원으로 바꾼 나라다. 파르마(Parma)의 생햄, 탈레지오(Taleggio) 치즈, 토스카나(Toscana) 와인 등 모두 지역의 문화와 산업이 융합되어 있다. 정부는 'DOP(고품질 지역 인증 제도)'나 'IGP(지리적 표시 보호 제도)'를 도입해 품질, 제조 방법, 지역성을 국가가 보증한다.

이 구조는 지역 특산품 보호에 그치지 않고, 지방 경제 자체를 지탱하는 산업 기반이 된다. 파르마의 치즈 공방에서는 숙성고가 관광 자원으로 활용되고, 와인 생산지에서는 현지 대학이 양조학을 가르친다. 농업이 관광, 교육, 브랜드 산업과 연계해 지역 전체가 '농업 도시'로서 기능한다.

일본이 추진하는 '지방 창생(地方創生)' 정책은 이탈리아와 같은 체계적 브랜드 전략이 부족하다는 한계를 안고 있다. 보조금을 주며 아무리 '지역 생산 지역 소비(지산지소)'를 외쳐도 품질 보증과 수출력이 없으면 산업이 될 수 없다.

4. 덴마크: 100년 지속되는 돼지의 과학

덴마크는 19세기 말, 60%의 관세로 보호받던 상황에서 '어떻게 살아남을 것인가'를 고민했고, 그 답으로 '품질 혁명'을 택했다. 돼지고기에 특화해 품종 개량과 가공 기술 개발에만 100년을 쏟았다.

그리고 현재는 호당 평균 5천 마리를 사육하며 완전 자동
화로 생산하고 있다. 사료 공급, 착유, 도살까지 모두 디지털
로 관리한다. 정부는 4단계 신용 평가 제도를 마련했고 농가
는 품질로 경쟁한다. 농민 수가 줄어도 생산량은 유지되며 수
출액은 세계 정상급이다. 덴마크는 "전통을 과학화하면 경쟁
력을 지속할 수 있다"는 진리를 보여준다.

5. 노르웨이, 아이슬란드: 자원을 지키는 어업 국가

노르웨이와 아이슬란드는 어업을 '관리 산업'으로 설계했
다. TAC(총허용어획량) 제도에 따라 어선마다 어획 범위를 설정
하고 기간을 한정해 조업한다. 남획을 방지하고 어류의 재생
산을 유지하기 위해서다.

이렇게 하니, 어업인이 줄어도 자원이 지켜지면서 산업이
지속된다. 연어, 대구, 청어 등 주요 어종의 수출액은 일본의
몇 배에 달한다. 반면 일본 어업은 '잡을 수 있는 만큼 잡는다'
는 과거의 발상에서 벗어나지 못하고 있다. 그 결과 꽁치, 연
어 등의 어획량이 급감했다. 이처럼 '자원을 관리한다는 의식
의 결여'가 국가 경쟁력을 갉아먹고 있다.

'생활 보장 제도'로 전락한 일본 농업의 실체

앞서 언급했듯이 일본 농정에는 '농림수산성', '자민당', '농

협(JA)'이라는 농정 트라이앵글의 이권 구조가 존재한다. 농민 인구는 116만 명이지만 농협 직원이 17만 명이고 조합원은 1천만 명이나 된다. 농림중앙금고는 세계 최대급 펀드를 운용하는데, 큰 실패를 해도 아무도 책임지지 않는다.

농가가 제도에 매달리는 데는 이유가 있다. 농지를 소유하고 연간 10만 엔어치만 출하하면 농가로 인정받아 상속세가 면제되기 때문이다. 휘발유, 보험, 융자 등의 혜택도 받는다. 이처럼 농사를 그만둘 인센티브가 존재하지 않는다. 이제 농업은 농가에 있어 '생활 보장 제도'이지, 생산을 위한 구조가 아니다.

국민의 식탁을 지키는 '위장성'이 필요한 이유

이 구조를 깨려면 행정의 틀을 넘어서는 수밖에 없다. 나는 두 가지 길을 제안한다. 첫째, 앞서 설명한 대로 농업을 경제산업성으로 이관해 '농산업국', '수산업국', '임산업국'을 설치하는 것이다. 농림수산성이라는 조직을 산업 정책의 일부로 재구축해 부가가치를 낳는 구조로 바꾸는 것이다.

둘째, '위장성' 창설이다. 세계 최적지로부터 안전하고 저렴한 식량을 확보하고 외교, 안보, 에너지 정책과 연계시키는 방법이다. 위장성은 '소비자를 위해 일본의 식량을 지킨다'는 목표로 기능을 일원화한 새로운 관청이다.

또한, 외국인이 농업의 '경영 주체'로 참여할 수 있도록 제도의 문턱을 낮춰야 한다. 그들이 주인 의식을 갖고 가족과 함께 지역에 뿌리내릴 때, 비로소 지방 커뮤니티는 활력을 되찾을 수 있다.

나아가 시야를 밖으로 돌려, 해외 최적지에 일본 자본과 기술을 투입해 생산 거점을 구축하는 '공격적 식량 안보 전략'도 병행해야 한다. 뉴질랜드 국유림 민영화 기회를 포착해 현지 임업 진출에 성공한 일본 기업 '우드원(WOOD ONE)'의 사례는 우리가 나아갈 방향을 명확히 보여주는 훌륭한 본보기다.

전국의 농협을 주식회사로 만들고 기능별로 분사해야 한다

개혁해야 할 것은 농림수산성만이 아니다. 농정 트라이앵글의 한 축인 농협도 개혁해야 한다. 유감스럽게도 현재 농협에는 일본 농업을 개혁하려는 의지가 없다. 이는 기존 이권 구조를 유지하는 것이 목적이기 때문인데, 애당초 '조합'이라는 형태가 개혁에 적합하지 않다는 것이 문제다.

현재 일본의 지방 도시에는 문 닫은 상가가 많다. 이를 재개발하려 해도 조합 형태라 관계자 간 합의 형성에 시간이 걸려 좀처럼 의사결정이 이뤄지지 않는다. 농협도 마찬가지여서 과감히 개혁하기 어려운 구조다.

현재 일본에는 지역 농협이 500여 개나 있다. 각 농협에

직원이 있고, 전국적으로 보면 조합원 1천만 명당 직원이 무려 17만 명이나 된다. 그야말로 비효율적이어서 각 지역당 1~2개 정도로 재편해야 하지만, 앞서 설명한 대로 조합이라는 조직 형태 때문에 통폐합을 진행하기 어렵다.

나는 농협을 주식회사로 전환하는 것을 제안한다. 대상은 지역 농협만이 아니다. 지역 농협 상부에서 유통을 담당하는 JA전농(전국농업협동조합연합회)도 주식회사로 만든 후 상사, 물류, 농가용 서비스, 연구소 등 기능별로 분사해 각자 소속된 시장에서 자유롭게 경쟁하도록 해야 한다.

예를 들어 감반 정책을 추진해온 일본은 맛있는 쌀이나 내한성 강한 쌀을 위한 품종 개량을 했지만, 수확량을 늘리기 위한 품종 개량이나 농법 개발은 적극적으로 하지 않았다. 반면 중국은 쌀 수확 시 그루터기를 남겨 두 번째 벼를 키우는 '재생 2기작' 농법을 시행하고 있다. JA의 연구소가 독립하면 이러한 연구 개발도 진행하기 쉬워질 것이다.

집약화, 대규모화를 촉진하는 틀이 필요하다

마지막으로 생산자인 농가 스스로도 의식을 바꿀 필요가 있다. 현재 농가의 4분의 3은 겸업으로, 농업 이외의 일을 하고 있다. 그런데도 농업을 그만두지 않는 이유는 상속세를 비롯한 다양한 우대 정책 때문이며, 이것이 농지의 집약화와 대규모화를 방해하는 요소가 된다.

물론 영세한 겸업 농가를 아무리 독려한다 해도 생산성이 오를 리는 만무하다. 따라서 관행적인 우대 정책을 과감히 거두고, 의욕과 역량을 갖춘 개인이나 법인 중심으로 자원을 집약해야 한다. 그래야만 비로소 효율적인 농업을 실현할 수 있다. 자민당의 표밭인 농민을 지키는 것이 아니라 '국민을 위해 농업을 지킨다'는 발상으로 전환해야 한다. 1~3헥타르 이하 농지만 소유한 농민을 생활보호 대상으로 지원하고, 대규모 농가를 산업으로 육성하면 소작농 출신인 내 경험상 쌀을 5kg에 2천 엔에 유통할 수 있다.

정리하는 주체를 기존 농가로 한정할 필요는 없다. 주식회사가 참여해도 좋고, 현장에서 일하는 외국인에게 소유권을 주어도 된다. 이미 농업 종사자의 평균 연령은 71세에 이르렀고 후계자 부족은 심각해, 앞으로 10~20년이면 경작 포기지가 급증할 것이다. 농업 현장은 외국인 노동자 없이는 성립할 수 없다.

그러나 현재로서는 외국인이 농지를 취득해 독립하기 어려운 구조다. 그들은 젊고 헝그리 정신이 있기 때문에 일본인이 신규 취농하는 경우와 비슷한 틀에서 소유권을 갖게 하면 농가 고령화나 후계자 부족 문제 해결에도 기여할 수 있을 것이다. 일본 농업의 지속을 위해서도 문호 개방은 피할 수 없는 길이다.

'농민을 지키는 정치'에서 '국민의 식량을 지키는 국가'로

일본의 농정은 이제 한계에 다다랐다. 전후 보호주의와 보조금 정치의 유산 위에 세워진 제도는 국민의 삶을 지탱하기는커녕 식량 위기의 불씨를 안고 있다.

지켜야 할 것은 농민이 아니라 국민의 식량이다. 식량을 외교 자원으로 간주하고 국제적인 조달망과 생산 거점을 전략적으로 설계하는 것, 농업을 보조금으로 지원하는 것이 아니라 지식과 기술로 지원해 진화시키는 것, 이것이야말로 21세기의 국가 전략이다.

농업을 '사회보장'의 연장선에 두어서는 다음 세대의 식량 안보를 지킬 수 없다. 일본이 나아가야 할 길은 단 하나, '국민의 식량을 지키는 국가'로의 신속한 전환이다.

1장

'자국 퍼스트'를 내세우는 애국주의, 일본을 구할 것인가?

우여곡절 끝에 다카이치 내각이 출범했다. 취임 직후 기록한 높은 지지율은 일본 사회가 얼마나 '강한 리더'를 갈망하는지 보여준다. 그러나 애국을 앞세운 그 정치 스타일이 과연 나라를 풍요롭게 하고 국민의 삶을 지켜줄 수 있을까? 지금 우리에게 필요한 것은 기세 좋은 보수적 언사가 아니라 국익을 냉철하게 판단하는 것이다.

1. 다카이치 총리의 애국적 구호는 진정으로 나라를 풍요롭게 하고 민생을 지키는 길인가?
2. 영토 문제나 역사 인식을 소리 높여 주장하는 정치가 국익을 극대화하고 건설적 외교로 이어지게 할 것인가?
3. 인구 감소가 진행되는 일본에서 외국인 수용을 거부하는 것이 진정한 '나라 지키기'라 할 수 있는가?

글로벌리스트에서 '사이비 우익'으로: 다카이치 총리의 변절

2025년 10월 21일, 국회 총리 지명 선거에서 자민당 다카이치 사나에 총재가 새 총리로 선출되었다. 일본 최초의 여성 총리 탄생이지만, 실상을 들여다보면 결국 고(故) 아베 신조 전 총리의 망령일 뿐 새로울 것이 없다. 다카이치 같은 '사이비 우익'이 활개 치면 일본은 망국의 길로 들어선다.

이시바 시게루 전 총리의 사임 표명 후 자민당 총재 선거가 실시되었고, 10월 4일 다카이치 사나에 신임 총재가 탄생했다. 그러나 오랜 세월 파트너였던 공명당과의 연립이 깨지면서 한때 총리 취임에 위기를 겪기도 했다.

다카이치 총재는 국민민주당 등과 접촉을 시도했고, 결국 일본유신회를 포섭해 중의원과 참의원 양원에서 총리 지명을 받아냈다. 권력을 잡기 위해서라면 물불 가리지 않고 질주하는 모습이 과연 다카이치다웠다.

사실 나는 다카이치와 젊은 시절부터 알고 지냈다. 그녀가 의원이 되기 전, 지인에게 이끌려 오토바이를 타고 내 다테시나 별장에 놀러 온 적이 있다. 나는 오토바이를 타고 온 손님을 험한 산길 코스로 안내하는 것이 관례였는데, 그녀는 한 번도 넘어지지 않고 잘 따라왔다. 오토바이 실력이 정말 대단했다.

이후 1992년, 나는 '헤이세이 유신회'를 설립했다. 우리의 정책을 실현해줄 개혁파 정치인을 정당 초월적으로 지원함으로써 일본을 바꾸려 한 것이다. 이 활동을 교세라 창업자인 고 이나모리 가즈오와 일본 맥도날드 창업자인 고 후지타 덴이 열성적으로 후원해주었고, 사무국장은 현 내각 외무대신인 모테기 도시미쓰가 맡았었다.

이듬해인 1993년 7월 총선에서 헤이세이 유신회는 108명의 후보를 추천했다. 추천할 때 입후보자에게 "당선되면 헤이세이 유신회가 입안한 법안을 실현한다"는 서약서를 받았는데, 이때 서약서에 서명한 사람 중 한 명이 무소속으로 출마한 다카이치였다. (여담이지만 추천 108명 중에는 훗날 다카이치와 두 번 결혼하게 되는 야마모토 다쿠 전 중의원도 있었다.)

우리의 정책에 찬성했다는 점에서 알 수 있듯, 젊은 시절의 다카이치는 개혁파 글로벌리스트였다. 그러나 정치판의 거친 파도에 시달리면서 변절했다. 그녀는 정책보다 정국을 우선해 아베 전 총리에게 접근했다. 따라서 이번 총리 지명 선거에서 물불 가리지 않는 모습을 보여준 것은 놀랄 일이 아니다. 예전부터 그런 열정과 방식으로 살아왔기 때문이다.

덧붙여, 다카이치가 1992년에 저술한 《미국 대통령 권력의 모든 것(アメリカ大統領の権力のすべて)》(KK베스트 셀러즈)이 최근 새롭게 꾸며져 중판되었는데, 띠지에 '오마에 겐이치 추천'이라고 쓰여 있다. 하지만 그건 30년 전 이야기다. 우경화된 지금의 그녀가 획기적으로 변하지 않는 한 나는 추천사를 쓸 생각이 없다.

다카이치는 본래 우익이 아니라는 의미에서 '사이비 우익'이라고 단정해도 무방하다. 하지만 문제의 뿌리는 더 깊다. 사실 다카이치가 접근한 대상인 기존 우익 세력조차 일본을 진정으로 사랑하지 않는 사이비 우익이기 때문이다. 애국을 가장한 사이비 우익이 늘어날수록 포퓰리스트인 다카이치는 그쪽으로 더 기울게 될 것이다. 따라서 국민은 이런 우경화 흐름에 안일하게 휩쓸리지 말고, 먼저 보수와 애국에 대해 냉정하게 따져볼 필요가 있다.

영토에 집착하는 우익, 국익을 갉아먹는 '가짜 애국'

일본 우익이 강하게 집착하는 몇 가지 주제가 있다. 우익은 "그것들을 지키는 것이 나라를 사랑하는 것"이라고 목청을 높이지만, 저마다에 가짜 논리가 숨어 있다.

예를 들어 국토 문제다. 우익은 타국과 분쟁 중인 땅에 대해 "저 섬은 일본 고유의 영토다"라고 주장한다. 그러나 땅에 이름이 쓰여 있는 것은 아니다. 영토 논란에는 역사적, 국제법적 배경이 존재하며 국경은 시기와 상황에 따라 변한다.

현재 중국과 문제가 되고 있는 센카쿠 열도(댜오위다오)는 에도 시대의 일본도 중국(당시 청나라)도 명확하게 자국 영토로 간주해 통치하던 곳이 아니었다. 오키나와는 원래 류큐 왕국이 지배하고 있었다. 그 후 청일전쟁 후 시모노세키 조약으로 대만이 일본에 양도되는 것과 같은 시기에 일본이 센카쿠 열도를 실질적으로 지배하기 시작했다.

제2차 세계대전 중이었던 1943년 카이로 회담에서 미국은 오키나와 본섬을 중심으로 한 류큐 군도를 중국 국민당이 관리할 것인지를 물었다. 그러나 국민당을 이끌던 장제스는 그것을 크게 바라지 않았다. 이때 국민당이 관리를 원했다면 지금의 일본과 중국 국경은 크게 달라졌을 것이다.

사실 센카쿠 열도 영유권에 대해서는 1972년 중일 공동성명 당시 다나카 가쿠에이 총리와 중국 공산당 저우언라이 총리 사이에서도 결론이 나지 않았다. 정치적으로 민감해서가 아니다. 당시 센카쿠 열도는 광물 자원이 나오는 것도 아닌 '별 볼 일 없는 섬'으로 여겨졌기 때문이다. 이후 중국 최고 실력자가 된 덩샤오핑의 인식도 "이 논의는 훗날 더 똑똑한 사람들이 나올 때까지 보류합시다"라는 것이었다.

경제적 가치가 미미하다는 점에서는 현재 한국이 실질적으로 지배하고 있는 독도도 마찬가지다. 독도는 원래 일본이 실질적으로 지배하다가 전후 하토야마 이치로 내각 때 한국이 점령했다. 일본은 해상보안청이 나섰지만 되찾지는 못했다.

독도 역시 대규모 광물 자원은 확인되지 않았다. 주변이 좋은 어장임에는 틀림없지만 생선이 필요하면 사 오면 된다.

직접 조업하는 것보다 싸게 먹혔기 때문에 이런 거래가 성사된 것이지만, 선불리 어장을 되찾겠다고 나섰다간 저가로 어획물을 공급하는 외국 어선을 단속해야만 한다. 독도에 어떤 권익이 있다 해도 아주 미세한 수준이다. 그것을 두고 한일 관계를 악화시키는 것은 아무리 생각해도 수지타산이 맞지 않는다. '서로 체면이 서지 않는다'라면 차라리 미국의 관통력 강한 폭탄 '벙커버스터'로 산산조각 내서 지도에서 지워버리는 편이 양국 모두에게 이로울지도 모른다.

진심으로 국토가 중요하다고 생각한다면, 자그마한 센카쿠 열도나 독도가 아니라 2024년 지진에 의한 융기로 4.74제곱킬로미터나 넓어진 이시카와현의 부흥에 전력을 다하면 된다. 이것이 무인도에 깃발을 꽂으려 하는 것보다 훨씬 더 애국적이다.

그렇다면 과거 일본인이 살았던 북방 4도(역주: 일본 홋카이도 동북쪽 앞바다에 있는 에토로후섬, 구나시리섬, 시코탄섬, 하보마이 군도 등 4개의 섬)는 어떨까. 이에 대한 외무성의 인식은 정말 기이하다. "구소련이 종전 직전 일소불가침조약을 갑자기 어기고 점령했다"고 주장하지만, 구소련이 독단적으로 점령한 것은 아니다.

연구에 따르면 제2차 세계대전 종전 직전 구소련 지도자 스탈린이 홋카이도 북부 진군이나 점령을 검토했고, 실제 미국과 소련이 분할 통치하는 구상이 일시적으로 부상했다고 한다. 그 배경에는 1945년 얄타 회담에서 구소련의 대일 참전을 대가로 남사할린과 쿠릴 열도를 소련에 넘기기로 한 밀약이 있었다.

그러나 당시 미국 프랭클린 루스벨트 정권은 일본 본토 분할에 신중했고, 후임 해리 트루먼 대통령도 구소련의 상륙을 허락하지 않았다. 그 결과 구소련은 남사할린과 쿠릴 열도 점령에 머물렀고, 홋카이도 분할 통치는 이루어지지 않았다. 만약 미국이 이 안을 용인했다면 홋카이도는 옛 동서독처럼 분할되어 일본 전후 부흥에 큰 걸림돌이 되었을 것이다.

북방 4도 역시 구나시리섬 주변 어장을 제외하면 경제적 가치가 별로 없다. 러시아도 그 사실을 알고 있기에 내심 적절한 대가가 있다면 사실상 팔아도 좋다고 생각하고 있을 것이다. 하지만 일본 우익들은 종전 당시 경위는 따지지 않고 무조건 "구소련이 불법 점거했다"라고 몰아세운다.

앞서 설명한 배경 때문에 러시아는 전후 자국 통치 방식에 따라 정당하게 점령했다고 보고 있는데, 이런 전제를 무시해버리면 팔고 싶은 마음이 생길 리 없다. 아베 전 총리도 이런 경위를 몰랐기 때문에 푸틴 대통령과 27번이나 회담하고도 영토 문제에 대한 최종 합의에 이르지 못했다. 아베 전 총리가 올바른 역사 인식을 가졌다면, 지금쯤 일본이 북방 4도를 사실상 매입해 그곳 출신들이 고향을 찾을 수 있었을 것이다.

야스쿠니 신사 참배는 정말 '평화의 맹세'인가

야스쿠니 신사 참배도 일본 우익이 집착하는 주제 중 하나다. 우익은 "조국을 위해 충성을 다한 영령에 감사하는 것은 당연하다. 참배는 군국주의가 아니라 평화의 맹세다"라며 정치인에게 참배를 강요한다.

그러나 이 주장도 겉만 그럴듯할 뿐이다. 전쟁으로 조국에 헌신한 국민은 많다. 그러나 야스쿠니에 있는 것은 전사한 군인들이다. 내가 학창 시절 JTB에서 외국인 관광객 가이드를 할 때 야스쿠니 신사는 'War Shrine(전쟁 신사)'로 불렸다. 또 참배로 입구에는 일본 육군 창시자인 오무라 마스지로의 동상이 노려보고 있다. 아무리 포장해도 전쟁 신사다.

그리고 야스쿠니 신사의 가장 큰 문제는 전쟁을 주도한 A급 전범의 합사라는 점이다. 쇼와 천황은 전후에도 야스쿠니를 참배했지만, A급 전범이 합사된 이후에는 참배를 중단했다. 쇼와 천황의 생각에 A급 전범은 참배해서는 안 될 존재였던 것이다.

한편 우익은 합사를 정당화한다. 천황 숭배를 중시하는 우익의 논리와 쇼와 천황의 생각이 모순되지만, 우익은 이를 애써 외면한다. 총리 취임 전부터 야스쿠니 신사 참배를 해온 다카이치에 대해 한국이나 중국이 경계하는 이유는, 그녀를 지난 전쟁에 대해 반성하지 않는 무리라고 판단하기 때문이다.

진정한 애국자는 나라를 풍요롭게 하고 민생을 지킨다

그렇다면 진정한 애국자란 어떤 사람일까? 내가 생각하는 애국자는 국가를 풍요롭게 만들고 국민의 삶을 지키는 사람이다.

현재 일본 인구는 매년 약 90만 명씩 줄고 있다. 인구는 국력 그 자체이므로 일본을 지키려면 이민 정책을 적극적으로 추진할 수밖에 없다. 그런데 사이비 우익은 외국인 배척에 열을 올리며 오히려 일본의 국력을 약화시키려 한다. 지금 일본에서 배외주의와 애국은 정반대임을 깨닫지 못하고 있는 것이다.

덧붙여서 다카이치 총리는 적극 재정, 저금리 정책을 시사하고 있다. 이것은 아베노믹스(Abenomics. 역주: 2012년 12월 제2차 내각을 발족시킨 일본 자유민주당 아베 총리가 내건 경제 정책의 총칭)를 따른 것이라고 여겨지지만, 아베노믹스는 자본주의를 왜곡시키는 어리석은 정책으로, 잃어버린 시대에 종지부를 찍지 못했다. 이를 다시 되풀이하자는 것은 망국의 극치다.

'자국 퍼스트'의 가면을 쓴 지도자들의 '자기(Self) 퍼스트' 본색

사이비 우익이 판치는 것은 일본만의 문제가 아니다. 미국의 도널드 트럼프 대통령은 'MAGA'(Make America Great Again, 미국을 다시 위대하게 만든다)를 외치며 자칭 애국적 구호를 내걸어 지지를 모았다.

그러나 그가 실제로 보여주는 언행은 미국 국민을 풍요롭게 하는 것이 아니라 그때그때 상황에 맞추어 자신에게 이익이 되도록 시장을 조작하는 것뿐이다.

'자국 퍼스트'를 내걸면서 실제로는 '자기 퍼스트'를 꾀하는 것. 이것은 전 세계 사이비 우익 리더들의 특징으로, 현재 다카이치 총리도 그 조류 속에서 움직이고 있다.

유일하게 희망적인 것은 이번 정치적 태도에서 그녀가 사이비 우익임이 드러난 것이다. 진정한 의미에서 나라를 사랑하고 나라를 지킨다는 것은 어떤 것일까? 세계적 조류와 인터넷 중심의 포퓰리즘에 의해 지금은 다카이치 정권에 대한 기대가 높은 듯하지만, 가면이 벗겨지는 것은 시간문제다.

그러나 일본을 등에 업고 혹독한 시련 속에서 마쓰시타정경학원(松下政経塾)을 다니며 오토바이를 타기도 하고 밴드에서 드럼을 두드리기도 했던, 내가 알던 시절의 '다카이치 청년'으로 돌아올지도 모른다. 아직은 조금 이르지만 그런 희망을 가져본다.

결론

일본을 진정으로 지키는 것은 기세 좋은 보수적 태도나 배외주의가 아니다. 인구 감소를 직시하고 이민을 수용하는 등 나라를 풍요롭게 하며 민생을 지키는 정책이야말로 진정한 애국이다. '자국 퍼스트'를 내세우며 사리사욕을 채우는 '사이비 우익'에 현혹되지 말고, 무엇이 진정한 국익인가를 국민 스스로 되물어야 할 때다.

2장

1년 단기로 끝난 이시바 정권이 미룬 '일본의 3대 과제'는 무엇인가?

이시바 총리가 불과 1년 만에 정권을 내려놓았다. 국정 선거 연패로 구심력을 잃고 정치 공백만 남긴 채 물러난 것이다. 그러나 일본은 여전히 기로에 서 있다. 지금 필요한 것은 말보다 행동으로 미래를 개척할 각오가 있는 리더다.

'총리 취임' 자체가 인생의 목적이었나

2025년 9월 7일, 이시바 시게루 당시 총리가 긴급 기자 회견을 열어 정식으로 퇴진을 표명했다. 7월 20일 치러진 참의원 선거에서 과반 의석 확보에 실패한 책임을 묻는 자민당 내 압력에 결국 굴복한 것이다. 총리 취임 약 1년 만에 단명으로 끝난 이시바 정권을 총괄적으로 살펴보자.

기시다 후미오 전 총리의 자민당 총재 임기 만료로 총재 선거가 치러진 것은 2024년 9월이었다. 이시바는 1차 투표에서는 2위였지만, 결선 투표에서 다카이치 사나에를 꺾고 자민당 총재에 취임했다. 그리고 다음 달 10월 국회에서 총리 지명을 받아 총리가 되었다.

이시바는 총리가 되기까지 총재 선거에서 4번이나 패배했다. 첫 출마는 2008년으로, 당시 결과는 후보 5명 중 최하위였다. 이후에도 계속 도전했지만 득표수에서 밀려 쓴잔을 마셔야 했다. 따라서 다섯 번째 도전 끝에 총재에 취임한 것은 그야말로 집념이 이뤄낸 훌륭한 결과였다. 전후 역사를 돌아봐도 5번이나 도전해 자민당 총재가 된 사례는 없다.

정치인이 한 나라의 리더를 꿈꾸는 것 자체는 이상한 일이 아니다. 문제는 이시바에게는 '총리 취임' 그 자체가 인생의 목적이 되어 있었다는 점이다. 그토록 끈질기게 도전했으니, 취임 후에는 그동안 가슴속에 품어온 풍요로운 국가의 청사진을 마음껏 펼쳐낼 것이라 기대했으나, 그가 보여준 것은 아무것도 없었다.

비전 없는 리더는 역사를 만들 수 없다:
콜, 대처와의 결정적 차이

세계적으로 보면 젊은 시절부터 품어온 이념을 성취한 지도자가 적지 않다. 내가 가장 먼저 떠올리는 사람은 헬무트 콜전 독일 총리다. 콜 총리는 김나지움(독일의 중등교육기관) 시절 기독교민주동맹(CDU)에 가입해 챈슬러(독일 총리)가 되기를 꿈꿨다. 1969년 CDU 부당수가 되는 등 일찌감치 두각을 나타냈지만, 실제로 총리가 된 것은 1982년이었다.

그는 1989년 베를린 장벽이 무너지고부터 동서독 통일을 위해 강력한 리더십을 발휘하기 시작했다. 구체적으로, 구 서독 마르크는 구 동독 마르크보다 실질 가치가 5~10배 높았음에도, 콜 총리는 양국 화폐를 일정 상한까지 1대 1로, 나머지는 2대 1로 교환해주었다. 구 동독 주민에게는 이득이고 구 서독 국민에게는 불리한 정책이었지만, 서독 국민은 이를 받아들였다. 콜 총리는 동서독 통일이라는 비전을 일관되게 호소해왔기에, 서독 국민도 부담 증가라는 현실을 감수할 수 있었던 것이다. 그는 이상적인 국가상을 흔들림 없이 제시했고, 그랬기에 그 뜻을 이룰 수 있었다.

영국의 마거릿 대처 전 총리도 젊은 시절부터 그려온 비전을 실현한 지도자였다. 대처 총리는 20대에 하원 선거에 두 번이나 출마했다가 낙선했다. 이후 변호사 자격증을 따고 30대에 하원의원이 되었다. 의원이 된 뒤에는 싱크탱크인 경제문제연구소(IEA)와 교류하며 신자유주의의 영향을 받았다. 당시 영국은 노동당 세력이 강하고 국유기업이 많았지만, 총리 취임 후 그녀는 강력한 의지로 민영화를 추진했다.

이처럼 젊은 시절 품은 문제의식을 끝내 정치로 구현한 지도자는 일본에서도 찾아볼 수 있다. 두 번째 자민당 총재 도전에 성공한 나카소네 야스히로 전 총리가 그렇다. 자민당 파벌 전성기에 치열한 권력 투쟁 속에서 '정계의 풍향계'라는 조롱을 듣기도 했지만, "전후 대미 종속 체제에서 탈피해야 한다"는 중심축은 흔들리지 않았고, 총리 취임 후 '전후 정치의 총결산', '미일은 동등한 파트너'를 내세워 새로운 미일 관계를 구축했다.

반면 이시바 총리는 어땠을까? 소장파 시절부터 강경파로 불린 만큼 총리 취임 직후 '아시아판 NATO' 구상을 내놓았다. 하지만 미국이 부정적인 반응을 보이자 즉시 철회해버렸다. 젊은 시절부터 내걸었던 국가상을 뚝심 있게 실현해나간 다른 지도자들과는 천양지차다.

관세 인하의 대가로 80조 엔을 내주다:
'굴욕적' 대미 투자 합의

자신의 비전을 밀고 나가는 대신 이시바 총리가 한 일은 두 가지다. 하나는 트럼프 관세에 대한 대응이다. 협상을 담당한 아카자와 료세이 당시 경제재생담당상은 미국 정부와의 합의 내용을 자화자찬했다. 자동차에 부과될 관세 27.5%(기존 2.5%+추가 관세 25%)를 15%로 낮췄으니 그것만 보면 분명 잘한 것처럼 보인다.

그러나 문제는 5,500억 달러(약 80조 엔)에 달하는 대미 투자다. 미일 정부는 2025년 9월 4일 대미 투자에 대한 각서에 서명했다. 이에 따르면 투자처는 우선 미국 측 투자위원회가 안건을 선정하고 미일 양국으로 구성된 협의위원회와 논의한 뒤, 최종적으로 미국 대통령이 선정한다는 내용이다.

각서상으로는 일본 정부도 협의에 참여하게 되어 있다. 그러나 사실상 일본 정부에는 거부권이 없다. 각서에 '일본이 협의 끝에 자금 제공을 하지 않으면 미국은 대통령 재량으로 관세율을 결정할 수 있다'는 내용이 담겨 있기 때문이다.

하워드 러트닉 미국 상무장관은 각서 서명 직후 CNBC와의 인터뷰에서 대미 투자는 미국이 주도하며 그 내용은 대통령에게 일임한다는 취지를 강조했다. '만약 투자를 거부하면 관세를 인상할 가능성이 높다'는 협박까지 붙어 있는 상황이다.

투자처에 제동 장치가 없는 것도 문제다. 러트닉 장관은 같은 인터뷰에서 사용처의 예로 알래스카 파이프라인 건설을 꼽았다. 알래스카에 파이프라인을 깔면 캐나다 일부를 통과할 가능성이 있다. 몇 가지 조건은 있지만 투자를 실행하는 장소가 미국 내에만 국한되지 않는다는 문제가 있다. 이스라엘 인프라 정비에 일본 자금이 들어갈 우려가 있고, 파나마 운하 매수에 쓰일 수도 있다.

이익 배분도 심각하다. 각서에 의하면 미국이 정하는 간주배당액(실제 배당되지 않았어도 배당한 것으로 간주해 과세하는 금액)까지는 미국과 일본이 이익을 절반씩 나누지만, 그 이상은 미국 90%, 일본 10%다. 리스크에 비해 수익이 터무니없다. 이시바 정권은 일본 자동차 산업을 지키기 위해 연간 세수 약 70조 엔을 웃도는 금액을 미국에 갖다 바친 셈이다. 그야말로 '미친' 합의다.

근본 개혁 없는 '비축미 방출'은 임시변통일 뿐이다

이시바 정권의 또 다른 실적은 비축미 방출이다. 치솟는 쌀값을 잡기 위해 정부 비축미를 소매업에 직접 유통한 점은 높이 평가할 만하다. 다만 비축미 방출은 발등에 떨어진 불만 끈 임시방편일 뿐, 일본 농정의 본질적인 문제는 아무것도 해결하지 못했다.

일본 농정이 추진해야 할 정책은 세 가지다. 첫째는 대규모화다. 일본 쌀이 국제 경쟁력을 가지려면 농지를 집약해 효율을 높일 수밖에 없다. 농가 대다수는 경작 면적이 작은 영세 농가이지만, 그들을 표밭으로 삼는 자민당은 대규모화에 미온적이었고 이시바 총리도 마찬가지였다. 대규모화를 하면 영세 농가가 생계 곤란을 겪을 수 있지만, 그것은 영농(농업 전반) 보조금이 아니라 생활 지원으로 전환해 보완해주면 된다. 이것이 두 번째 정책이다.

세 번째는 일본 쌀의 해외 진출 지원이다. 일본 농가가 일본인이 좋아하는 맛의 쌀을 해외에서 생산할 수 있도록 지원하면 국내외 수요 확대로 이어진다.

한편 이번 미일 협상에서 양국 정부는 미니멈 액세스(의무 수입량) 틀 안에서 미국산 수입량을 확대하기로 합의했다. 틀 안의 총량은 변하지 않기 때문에 미국산 수입 비율이 늘어나면 태국이나 호주산 수입량이 줄어 균형이 깨져버린다.

이런 왜곡을 완화할 단서는 일본 기업이나 농가가 해외에서 생산한 쌀을 역수입하는 것이다. JA(농협)를 대규모화하고 가능하면 주식회사로 만들어 경영 능력을 키우는 일에도 나서야 한다. 해외에서 생산하더라도 일본인 입맛에 맞는 쌀을 수입할 수 있다면, 국제적 균형 문제는 남더라도 국내 의무 수입과 수요의 수지는 맞추기 쉽다.

이러한 근본 정책에 착수하지 않고 비축미 방출에만 만족했기에 역시 이시바 정권에는 합격점을 줄 수 없다.

3대 개혁 과제를 외면한 자민당,
이대로라면 해체될 수밖에 없다

자민당 총재 선거는 2025년 10월 4일 투개표 되었는데, 앞서 언급했듯이, 지난번 선거에서 이시바에게 패한 다카이치 사나에가 새 총재로 선출되어 일본유신회와의 연립 정권 형태로 다카이치 내각이 출범했다.

이 정권이 착수해야 할 일본의 과제는 세 가지다. 첫째는 이민과 난민 수용이다. 저출산 고령화 시대에 현재 사회를 유지하려면 다른 방법이 없다. 이번 총재 선거 후보자들은 거의 전원이 수용에 소극적이었지만, 찬반을 따질 때가 아니라 이제는 어떻게 잘 수용할지 논의해야 할 단계다.

둘째는 외교 전략의 수정이다. 유엔은 기능 부전에 빠졌고 미일 안보도 더 이상 전적으로 신뢰할 수 없다. 아시아를 비롯한 주변국과 어떤 관계를 맺을지 원점에서 다시 설계해야 한다.

셋째가 교육 개혁이다. 교원 수를 유지하려는 일본교직원조합과 문부과학성을 해체해 AI 시대에 맞는 교육 시스템을 만들어야 한다.

이것들은 모두 국가의 명운을 좌우하는 과제로, 정치인들은 이 세 가지 사항에 대해 명확한 비전을 내놓아야 한다. 하지만 유감스럽게도 이번 자민당 총재 선거에 등장한 인물 중 "나는 이런 나라를 만들고 싶다"는 확고한 국가상을 제시한 후보는 단 한 명도 없었다.

다카이치 총리를 예로 들면 지금은 보수의 대표주자 행세를 하고 있지만, 신진 의원 시절에는 자유주의 색채가 강했다. "일본을 다시 강하게!"라고 외치려면 일본이 약해진 원인을 규명하고 그 대책도 제시해야 한다. 그렇지 않으면 주장은 '공염불'에 불과하다. 다른 후보들도 마찬가지다.

총재 선거에서 후보들이 입을 모아 "자민당은 새롭게 태어나야 한다"고 말했지만, 말만 앞세우는 후보들뿐이라면 자민당은 정말 해체하는 편이 낫다. 이시바 총리의 퇴진극과 총재 선거는 그런 생각만 들게 만들었다.

이시바 정권은 총리 취임 자체가 목적이 되어버린 탓에 뚜렷한 국가상을 보여주지 못하고 단명했다. 대미 협상이나 쌀 대책에서도 본질적인 개혁에 착수하지 않고, 일본의 3대 과제(이민 수용, 외교 재구축, 교육 개혁)를 뒤로 미루었다. 다음 정권은 명확한 비전으로 국가의 미래를 그려야 한다.

용어

아시아판 NATO 구상

이시바 총리가 내건 외교·방위 정책. 대만 유사시나 남중국해의 긴장을 고려해 아시아 전체에 집단 억제 체제를 구축하려는 목적이다. 기존 NATO(북대서양조약기구)의 "회원국 중 한 국가가 공격받으면 전체가 함께 방어한다"는 집단 안보의 틀을 아시아에도 적용하려 한 것이다. 그러나 인도 등 참가 예상국들이 신중한 반응을 보였고 미국도 난색을 표했기 때문에 이시바 총리 사임 단계에서 막을 내렸다.

대미 투자

미국 트럼프 행정부와의 관세 협상에서 일본이 관세 회피와 경제 협력 강화를 목적으로 반도체, 에너지, 방위 등 전략 산업용으로 최대 5,500억 달러 규모의 대미 투자, 융자, 보증 한도를 제시한 것. 미국 시장 접근성 확보와 공급망 강화를 꾀하고 있지만, 구체적 안건이 확정되지 않아 실행의 투명성에 과제가 남는다는 점, 미국 주도 계획에 참가함에 따른 거버넌스 리스크(Governance Risk. 역주: 조직

의 의사결정 방식, 경영진, 감독 체계 등의 지배 구조가 제대로 작동하지 않아 발생하는 위험),

일본 기업의 자금 부담 증가라는 문제점이 지적받고 있다.

3장

소수 여당의 불안정한 정권. 지금 총리에게 필요한 요건은 무엇인가?

참의원 선거에서 자민당이 대패한 책임을 둘러싸고 약 2개월에 걸친 정쟁 끝에 이시바 시게루 총리가 사임을 표명했다. 그러나 그사이에도 국제 질서 동요, 쌀값 문제 등 과제는 산적해 있었다. 혼란스러운 시대에 일본을 이끌 차기 총리에게 가장 필요한 자질은 무엇인가?

공명당의 조직력 붕괴, 자민당 장기 집권의 기반을 흔들다

2025년 7월 20일 투개표가 치러진 제27회 참의원 선거에서 자민당이 의석을 늘리지 못하면서, 공명당을 포함한 여당 의석수가 과반수에 미치지 못했다. 당연히 '이시바 퇴진' 목소리가 나왔지만, 당시 자민당 집행부로서는 이미 예상 범위 내의 반발이었을 것이다.

참의원 선거 개표 결과는 자민당 39석, 공명당 8석이었다. 자민당은 개선(선거 대상) 의석 52석에서 13석을, 공명당은 14석에서 6석을 잃었다. 비개선 의석과 합치면 여당은 122석으로 과반인 125석 밑으로 떨어졌다.

이시바 시게루 내각은 2024년 10월 중의원 선거에서 이미 소수 여당으로 전락한 상태였는데, 이 참의원 선거 연패로 양원 모두에서 소수 여당이 되어 더욱 불안정한 정권 운영을 하게 된 것이다. 2024년 10월 중의원 선거에서는 파벌 비자금 문제로 자민당에 역풍이 불었다. 반면 이번 참의원 선거에서는 눈에 띄는 역풍이 없었음에도 패배했다. 이는 여당의 실력이 그대로 드러난 결과였다.

여당이 기세를 펴지 못한 원인 중 하나는 공명당의 약화다. 공명당은 1999년 자민당과 연립 정부를 구성해 여당에 합류한 이래, 자민당을 비판하고 견제하는 역할을 포기해버렸다. 존재감을 알리기 위해 국민에게 현금이나 상품권을 살포

하는 정책에는 열을 올렸지만, 디지털 후진국인 일본에서는 현금을 나눠주는 데만도 막대한 사무 비용이 들었다.

이는 5년 전 코로나 사태 당시 '아베노마스크' 배포만 봐도 명백하다. 이번 참의원 선거에서도 공명당은 고물가 대책으로 1인당 2만 엔 일률 지급을 공약으로 내걸었지만, 실제 지급 실무를 담당할 주체는 지자체다. 구마가이 도시히토 지바현 지사도 이를 강하게 비판했다. 이처럼 현금 살포 정책은 이제 통하지 않는다.

공명당의 경우 지지자 고령화도 세력 약화의 큰 요인이다. 선거에는 후보자의 손발이 되어 움직여줄 운동원이 필요한데, 공명당은 과거 창가학회 신자 중심의 조직력이 큰 힘이 되곤 했다. 나는 1995년 도쿄도지사 선거에 출마했을 때 공명당과 접촉한 적이 있다. 조건이 맞지 않아 최종적으로는 지원을 거절했지만, 당시 공명당의 조직력이 강력하다는 것은 충분히 느낄 수 있었다.

그러나 지지자들은 고령화되고 젊은 층은 창가학회를 이탈하고 있다. 공명당 비례대표 득표수는 전성기 때 900만 표에 육박했으나, 이번 선거에서는 521만 표까지 줄어들었다. 지금까지 자민당이 공명당 지지표 덕분에 근소한 차이로 이겼던 지역구들이, 이제 그 표가 사라지면서 치열한 접전지로 변했다. 거센 역풍이 없었음에도 여당이 대패한 근본 원인은 공명당의 지지 기반이 흔들리고 있기 때문이다.

소수 여당 전락은 예견된 참사, 자민당의 생존 본능

다만 자민당 현 집행부 입장에서 이번 참의원 선거 패배는 이미 각오했던 일로, 결과적으로 퇴진 위기에 몰린 이시바 총리도 내심 물러날 생각은 없었을 것이다. 선거 직후 회견에서도 이시바 총리는 "비교 1당으로서 책임을 다하겠다"는 말을 반복했다.

이시바 총리가 비교 1당을 강조한 것은 1993년 중의원 선거 후 비(非) 자민당 연립인 호소카와 모리히로 내각이 탄생했던 악몽을 떠올렸기 때문이다. 당시 미야자와 기이치 총리가 이끄는 자민당은 탈당 사태가 이어지며 중의원 과반수가 무너졌었다. 미야자와 총리는 해산 총선거 승부수를 띄웠지만 당세를 회복하지 못했고, 공산당을 제외한 8개 야당이 결집해 거대 연립 정권을 탄생시켰다. 자민당은 1955년 창당 이후 처음으로 야당으로 밀려났다. 이시바 총리에게 최악의 시나리오는 바로 이 미야자와 내각의 전철을 밟는 것이었다.

당시 자민당 선거 총괄은 기하라 세이지 선대위원장이었다. 기하라 위원장은 기시다 후미오 전 총리의 심복이지만 아베 내각 시절부터 막후에서 움직이는 실력자로, 이시바 정권에서도 정권 유지를 위해 손을 쓰고 있었다. 그중 하나로 알려진 것이 이번에 의석을 늘린 참정당에 대한 지원이다.

이시바 정권이 소수 여당으로 전락하고 나머지 야당이 모두 결집하면 1993년처럼 정권 교체가 일어날 수 있다. 그 위험을 피하는 방법 중 하나는 야당 내에 반대파를 심는 것이다. 여당 편은 아니지만 야당 연합과도 거리를 두는 제3세력이 생기면, 국회 총리 지명 선거에서 기권표를 던져준다. 제3세력이 기권하면 야당 단일 후보보다 자민당 총재 득표수가 앞설 가능성이 높아져 정권 교체는 일어나지 않는다. (역주: 2026년 2월 1일 기준, 정권 교체는 일어나지 않았고 이시바 시게루에 이어 다카이치 사나에가 일본 최초의 여성 총리 자리에 올랐다.)

'일본인 퍼스트'의 유혹: 극우 정당 참정당은 왜 약진했나

참의원 선거에서 참정당은 14석을 획득하며 약진해 화제가 되었다. 주목할 점은 지역구 45명, 비례구 10명 등 총 55명의 후보를 냈다는 것이다. 지역구 입후보에는 300만 엔, 비례구에는 600만 엔의 공탁금이 필요하고 실제 선거 활동에는 그 10배의 자금이 든다. 이번에 참정당은 20억 엔 정도를 썼다.

신생 정당이 그만한 자금을 마련하기는 쉽지 않다. 수입의 90%가 개인 헌금이라고 하지만 만만치 않은 액수이기에, 그 자금력 배후에 자민당이 존재한다고 의심해 "참정당은 자민당의 별동대가 아닌가?"라는 소문이 도는 것도 무리는 아니다.

'일본인 퍼스트'를 슬로건으로 내세워 의석을 대폭 늘린 참정당이지만, 극우 정당의 대두는 세계적 추세라 특별히 놀랄 일은 아니다. 극우 그 자체인 미국 도널드 트럼프 대통령은 물론이고, 독일에서는 극우 정당 '독일대안당(AfD)'이 2025년 2월 연방의회 총선에서 제2당으로 약진했으며 구 동독 지역 주의회에서는 제1당이 되기도 했다.

프랑스에서는 마린 르펜의 국민연합이 지지를 얻고 있고, 양당 체제가 견고했던 영국에서도 반이민 정책을 내건 나이젤 파라지의 '리폼 UK'가 급성장하고 있다. 이탈리아에서는 무솔리니에게 심취했던 조르자 멜로니가 2022년부터 총리를 맡고 있다.

나라마다 차이는 있지만 불만의 배출구를 이민, 난민, 외국인에게서 찾는 극우 세력 10~15%는 항상 존재하며, 이번 참정당의 비례대표 득표율 약 12.5%도 그 범위 안에 든다. 또 참정당 지지층은 자민당의 구 아베파 지지층에서 유입된 경우가 많아, 일본인이 갑자기 배외주의에 눈을 떴다고 단정할 수는 없다.

야당은 왜 하나로 뭉쳐 정권을 잡지 못하는가

자민당이 야당 대연정을 막을 방법이 하나 더 있다. 야당

일부를 무너뜨려 여당으로 끌어들여 연립 정권을 꾸리는 것이다.

1993년 야당으로 전락한 자민당은 이듬해, 물과 기름 관계였던 일본사회당(현 사민당)과 손잡고 신당사키가케(新党さきがけ. 역주: 보수주의, 개혁주의, 생태주의 색채를 띠고 자유민주당에서 분당된 정당이다. 사키가케는 일본어로 '선구자'를 뜻한다. 지금은 사라진 정당이다)를 더한 '자사사연립정권'(역주: 자민당의 '자', 사회당의 '사', 신당사키가케의 '사'에서 머리글자를 따서 '자사사'라고 명명한 것)이라고 하는 틀로, 당시 사회당 위원장이었던 무라야마 도미이치를 총리로 내세우는 거친 행보를 보이면서 정권을 탈취했다. 그때와 마찬가지로 공명당에 더해 다른 당을 끌어들이면 정권을 유지할 수 있다.

참정당을 그림자 별동대로 아껴둔다고 치면, 자민당이 연립을 짤 경우 첫 번째 타깃은 다마키 유이치로 대표가 이끄는 국민민주당일 것이다. 다마키 대표는 재무성 출신치고는 숫자에 약한 편이지만, 치명적인 스캔들을 겪고도 정치적 타격이 거의 없는 강인함을 보여주었다. 자민당도 이 점에 매력을 느끼고 있다.

한편 다마키 대표도 자신을 헐값에 팔 생각은 없을 테니, 연립을 구성한다면 '다마키 총리' 자리를 요구할 것이다. 이는 자민당으로서 쉽게 받아들일 수 없는 조건이지만 만일의 사태에 대비한 보험용 시나리오로는 가능하다.

일본유신회도 제2의 연립 후보다. 창설자 하시모토 도오루가 "오사카를 부수도(副首都)로 지정하는 조건을 수용하면 연립에 참여하겠다"고 나서면 어떻게 될지 모른다. 자민당 입장에서는 여차하면 여러 정당과 연립 가능성이 있기에 이시바 총리가 강세를 보인 것이며, 반대로 제1야당 입헌민주당의 노다 요시히코 대표 표정이 어두웠던 이유도 이해할 수 있다. (역주: 결과적으로 2025년 10월 말경, 자민당은 일본유신회와 연합정부를 위한 협력 합의를 체결하면서 일본유신회는 자민당과 함께 정부를 운영하는 연립 정당의 하나로 기능하게 되었다. 2010년대부터 오사카를 중심으로 영향력을 확대하면서 국회에서 자민당을 견제하는 야당 세력으로 자리를 잡은 일본유신회였지만, 이번에 자민당과 손을 잡게 되면서 동맹 관계가 되었다. 단, 안정적인 연립 파트너는 아니며 필요할 때 손을 잡는 전략적 파트너 정도라고 볼 수 있다.)

'제4의 물결' 시대가 요구하는 리더의 자격

정국 이야기만 하다 보면 본질을 놓친다. 세계가 격동하는 지금, 일본을 이끌 적합한 리더에 대해 다시 논해보자.

2022년 2월 러시아의 우크라이나 침공으로 전 세계 안보 지형이 바뀌었다. '힘에 의한 현상 변경'이 묵인되고 유엔 중심의 국제 협조주의는 통하지 않게 되었다. 경제면에서도 트럼프 대통령의 변덕에 적절히 대응하지 못하면 큰 타격을 입는다.

이런 시대의 리더에게 요구되는 것은 협상 능력이다. 실무급이나 장관급 협상도 중요하지만, 아무리 치밀하게 합의해도 트럼프 대통령이 "NO"라고 하면 뒤집힌다. 마지막에 리더끼리 직접 담판 지어 "YES"를 끌어낼 능력이 없으면 살아남을 수 없다.

여기서 필수적인 것이 영어 실력이다. 협상에서 주장을 관철하려면 논리만으로는 부족하고, 억양이나 뉘앙스를 조절하며 밀고 당길 줄 알아야 한다. 유리한 협상을 원한다면 리더 자신이 영어를 구사하며 밀어붙여야 한다.

실제로 트럼프 대통령을 잘 상대하는 리더들은 영어를 잘한다. 독일의 프리드리히 메르츠 총리는 우크라이나 지원을 꺼리는 트럼프 대통령과 통화해 요격미사일 '패트리엇'을 직접 구매해 우크라이나에 보내는 안을 성사시켰다.

일본에서 영어에 능통한 각료 경험자라면 가미카와 요코 전 외무상, 모테기 도시미쓰 외무상, 하야시 요시마사 관방장관 등 하버드 케네디 스쿨 출신 그룹을 꼽을 수 있다. 트럼프 대통령과 직접 대화가 가능하다는 점에서 이들은 미래의 총리 후보군에 든다. 미일 무역 전쟁 당시에는 소니 창업자 모리타 아키오 같은 경제계 인사들이 활약했지만, 안타깝게도 현재 재계에는 그만한 인재가 보이지 않는다.

덧붙여 리더에게는 '제4의 물결', 즉 스마트폰과 AI 혁명에 대한 대응 능력도 요구된다. 트럼프 대통령은 언론을 통하지 않고 SNS로 직접 소통한다. 팩트체크 없이 마음대로 발신할 수 있기 때문이다. 내용은 엉터리일지라도 '영향력을 강화한다'는 측면에서는 효과적이다. X(구 트위터) 팔로워만 1억 명이 넘으니 무서울 게 없다. 그야말로 스마트폰과 AI 시대의 챔피언이다.

일본을 보면 이번 선거에서 SNS를 가장 잘 활용한 것은 참정당이다. 세계 정상과 직접 협상할 수 있고, 제4의 물결을 만들어낼 수 있는 리더가 나타나지 않으면 일본이 국제무대에서 부활하기는 어렵다.

중의원, 참의원 양대 선거 대패로 소수 여당에 몰린 이시바 전 총리는 불안정한 정국 운영을 강요당했다. 역경을 돌파하려면 이것저것 손대기보다 역대 명재상들처럼 추진해야 할 핵심 정책을 하나로 좁혀 그 실현에 매진했어야 했다.

용어

참정당

2020년 설립된 시민 참여형 정당으로 '교육', '음식과 건강', '나라 지키기'를 3대 중점 정책으로 삼는다. 초대 대표는 마츠다 마나부. 2023년 8월부터 가미야 소헤이가 대표로 취임했다. 대규모 이민 수용에 소극적이며 치안이나 문화 유지를 우려해 외국인 참정권 반대를 표명한다. 2022년 참의원 선거에서 첫 의석을 획득했고, 거리 연설이나 SNS를 통해 지지세를 넓히고 있다.

자사사연립정권(自社さ連立政権)

1994년 발족한 자민당, 사회당, 신당사키가케 3당 연립 정권. 55년 체제하에서 대립해온 자민당과 사회당의 제휴는 '보혁 대연정'이라 불리며 충격을 주었다. 총리로 사회당 위원장 무라야마 도미이치가 취임했다. 무라야마 정권은 단명했지만 같은 틀에서 제1차 하시모토 류타로 내각이 탄생했고, 이후 총선에서 자민당이 대승하며 단독 정권으로 복귀했다.

국민민주당

2018년 구 민주당계 흐름을 이은 민진당이 분열해 희망의 당과 합류해 발족했다. 창당 당시 중도 보수 성향 의원들이 모여 현실적인 정책 지향을 중시했다. 다마키 유이치로 대표 아래 경제 성장과 안보, 에너지 정책에 적극적이며, 시시비비를 가려 여당과 대치하는 자세가 특징이다.

국민민주당

2018년 구 민주당계 흐름을 이은 민진당이 분열해 희망의 당과 합류해 발족했다. 창당 당시 중도 보수 성향 의원들이 모여 현실적인 정책 지향을 중시했다.

4장

전후 80주년을 맞이한 일본, 왜 새 헌법을 구상해야 하는가?

전후 80년을 맞은 일본은 여전히 점령하에 제정된 헌법에 얽매여 외교·안보 체제도, 중앙집권적 통치기구도 크게 달라지지 않았다. 지금 일본에 필요한 것은 부분적인 헌법 개정이 아니라, 새로운 헌법 창조를 통한 통치기구의 근본적 재설계다.

논점

1. 유엔과 미일 안보 모두 기능 부전에 빠진 지금, 일본이 독자적인 외교·방위 전략을 그려야 하는 이유는 무엇인가?
2. 전후 한 번도 개정되지 않은 헌법은 어떤 식으로 일본의 통치기구를 왜곡해왔는가?
3. 새로운 헌법에서는 어떤 절차를 밟아 중앙집권에서 지방분권으로 이행해야 하는가?

용어

항공모함 타격군(CSG), 통치기구, 연방제 국가

미일 안보 중심의 외교를 재검토해야 하는 이유

2025년은 일본이 전후 80년을 맞이하는 해였다. 전쟁 경험이 잊히는 것을 우려하는 목소리도 있지만, 나는 오히려 일본이 80년 전과 달라진 것이 없다는 점에 불안을 느낀다. 시대는 급변하는데 국가의 형태는 전후 얼렁뚱땅 만들어진 상태 그대로 거의 손을 대지 않았기 때문이다.

가장 이해하기 쉬운 예는 안보 분야다. 일본은 패전으로 연합국에 의해 완전 무장해제를 당했고, 새 헌법에 따라 전력을 보유해서는 안 된다는 '전력 불보유' 규정을 강요받았다. 그 후 한국전쟁을 계기로 공산주의 위협을 우려한 미국의 의도에 따라 1950년 경찰 예비대가 조직되었고 이것이 훗날 자위대로 발전했지만, 헌법은 그대로인 탓에 자위대는 아직 일본에서 군대로 자리매김하지 못했고, 항공모함 타격군(CSG)을 보유하지 못하는 등 여러 제약을 안고 있다.

전후 일본은 유엔 중심의 평화주의 외교를 채택하고 안보의 기축을 미일 안보 조약에 두었다. 자위대 운영에 제한이 있어도 유엔이나 미국이 든든히 존재하는 동안에는 특별히 문제가 없었다. 그러나 러시아의 우크라이나 침공, 이스라엘의 가자 지구 공격을 봐도 알 수 있듯, 이제 유엔은 국가나 지역 분쟁 해결에 아무런 역할도 하지 못하고 있다.

미국 역시 도널드 트럼프 대통령에게 뚜렷한 이념이 없다

보니 툭하면 발언이 바뀐다. 현재 트럼프 대통령은 미일 안보에 큰 관심이 없지만, 안보가 '날마다 바뀌는 메뉴'여서는 그것을 기축으로 국방을 생각하기 어렵다. 이처럼 환경이 격변하는데도 일본의 외교·국방 시스템은 전후 체제 그대로다.

반면 같은 패전국이라도 독일은 다르다. 독일도 1945년 연합국에 의해 완전 무장해제를 당한 상태에서 재출발했지만, 10년 후에는 정식 군대인 독일연방군을 재편했다. 그 후 EU(유럽연합)나 NATO 틀 안으로 들어가면서 자연스럽게 군대가 자리를 잡았다. NATO는 미국 외에 영국과 프랑스라는 유엔 안보리 상임이사국(핵보유국)과 동맹을 맺고 있기도 하다. 독일연방군은 NATO의 핵 공유 정책에 따라 핵무기를 무장하고 언제든 사용할 준비를 갖추고 있다. 역시 패전국이었던 이탈리아도 독일만큼 재량이 크지는 않지만 정식 군대를 보유하고 있다.

일본이 외교나 국방에 관해 앞으로 어떤 구상을 해야 하는지에 대해서는 논란의 여지가 있다. 다만 유엔 중심의 평화주의 외교가 통하지 않고 미일 안보도 미덥지 않다는 현실을 직시하지 않으면 논의는 시작될 수 없다.

헌법 개정은 금기가 아니다

일본의 안보가 시대 변화에 적응하지 못하는 요인 중 하나가 헌법이다. 점령군에 의해 초안이 작성된 일본 헌법에는 당시 GHQ(연합군 최고사령관 총사령부)의 의도가 반영되어 있다. 헌법 제9조에서 군사력을 금지한 것은 일본에 대한 제재(페널티) 같은 것이었다.

호헌파(護憲派. 역주: 입헌주의를 지키고 헌법 개정에 반대하는 입장을 취하는 파벌)는 전후 오랜 기간 "평화가 지켜지는 것은 9조 덕분이다"라며 이 페널티를 고마워해왔다. 그러나 현실적으로 헌법 조문만으로 평화가 지켜진 전례는 역사상 단 한 번도 없다.

세계로 눈을 돌리면 헌법 개정은 드문 일이 아니다. 제2차 세계대전 이후만 보아도 미국은 6회, 프랑스는 28회 개정했고, 일본과 같은 패전국인 독일은 무려 69회, 이탈리아도 20회나 개정했다. 전후 80년간 헌법 개정 발의조차 한 번도 이뤄지지 않은 일본이 오히려 비정상적이다.

국가의 '조직도'조차 없는 헌법

현행 헌법에서 고쳐야 할 것은 9조만이 아니다. 오히려 가장 큰 문제점은 국가를 형성하는 통치기구가 헌법에 제대로 정의되지 않았다는 데 있다. 회사로 치면 조직도가 없는 상태다.

일본은 에도 시대(1603~1868) 이후 중앙집권 체제로 통치해왔다. 특히 메이지 시대(1868~1912) 이후에는 천황을 중심으로 한 강력한 중앙집권적 전제주의 체제 아래 국가를 운영했다. 한편 13개 주(독립 당시. 현재는 50주)로 구성된 합중국으로 건국된 미국은 연방제 국가로 중앙집권 체제를 경험한 적이 없다.

미국과 일본이 걸어온 이런 역사의 차이가 현행 헌법 구조에도 잘 나타나 있다. 제8장 '지방자치'에서 자치단체는 '지방 공공단체'로 불릴 뿐 자치에 필요한 입법, 사법, 행정의 3권이 부여되어 있지 않다. 예를 들어 제94조에 지방공공단체는 '법률의 범위 내에서 조례를 제정할 수 있다'고 규정되어 있다. 중앙이 정한 법률 범위 내에서만 조례를 만들 수 있기에 지방이 독자적으로 할 수 있는 일은 거의 없다.

놀라운 것은 광역자치단체나 기초자치단체의 차이조차 헌법 어디에도 정의되어 있지 않다는 점이다. 실제로 도(都), 도(道), 부(府), 현(県) 사이에 권한이나 재원상의 차이는 없다. 오사카유신회가 '오사카도구상'(大阪都構想. 역주: 오사카부와 오사카시를 단일 광역 행정 체제인 '도'로 재편하려는 지방 행정 개혁)을 내세운 것도 오사카는 '부'여야 한다는 규칙이 없기 때문이다.

최근 오사카유신회가 다시 '부수도 구상'(역주: 부수도로 인정받는다는 구상)을 내놓고 있다. 원래 도쿄는 '동쪽의 교토'라는 뜻에서 붙여진 이름이라고도 한다. 그렇다면 오사카는 교토나 나라와 합병해 '혼쿄토(本京都)'라고 자칭해도 되는 것이다.

‘도도부현’의 정의가 없으니 어떻게 이름을 짓든, 어디와 합치든 자유롭다.

사실 시(市), 마치(町), 무라(村)도 권한에 큰 차이는 없다. 인구 규모에 따라 명칭은 달라지지만, 마을이 되는 기준은 도도부현마다 다르고 ‘마치’ 기준을 충족해도 ‘무라’ 명칭을 변경하지 않고 그대로 둔 곳도 있다. 도도부현이나 시마치무라의 정의가 애매하기 때문에 정체를 알 수 없는 운영 방식이 지금도 통하고 있다.

지방이 스스로 번영을 설계하는 나라:
미국과 독일의 연방제 교훈

인구 감소기에 접어든 일본에 있어 큰 과제는 지방 재생이다. 자세한 것은 졸저 《당신은 헌법 제8장을 읽었는가?(君は憲法第8章を読んだか)》를 참조하기 바라지만 지방공공단체가 제대로 정의되지 않고 자치권도 없는 현행 헌법 아래에서 할 수 있는 일은 한정적이다.

연방제인 미국은 주마다 법이 다르고 세금도 자유롭게 결정한다. 일론 머스크가 테슬라 본사를 창업지인 캘리포니아 팰로앨토에서 텍사스 오스틴으로 옮긴 이유는 세금이 저렴하기 때문이다. 이렇게 주마다 스스로 번영하는 방법을 고민하고 경쟁하니 지방에서도 발전하는 곳이 나온다.

국토 면적이 일본과 거의 같은 독일도 순수 연방제를 취하고 있어, 16개 주는 각각 의회, 정부, 법원을 갖추고 3권을 행사한다. 덕분에 주마다 독자적인 제도나 정책을 펴며 경쟁적으로 발전하고 있다.

지방에 얼마나 자치권이 주어져 있는가는 호주를 보면 잘 알 수 있다. 호주는 주마다 시간을 정할 수 있다. 예를 들어 브리즈번이 있는 퀸즐랜드주는 1년 내내 같은 시간이지만, 남쪽으로 내려가 시드니가 있는 뉴사우스웨일스주로 가면 서머타임을 적용해 여름에는 1시간씩 차이가 난다. 더 남쪽에 있는 멜버른(빅토리아주)도 서머타임제를 채택하고 있지만, 서해안의 퍼스(웨스턴오스트레일리아주)는 서머타임제를 폐지했다. 여행자에게는 성가신 일이지만 지방 각각이 "우리는 이런 방식으로 번영을 누리겠다"고 결정한 결과다.

헌법은 개정하는 것이 아니라 제로(0)부터 만드는 것이다

일본도 중앙집권의 잔재가 강한 통치기구를 고쳐 지방에 권한을 부여해야 한다. 구체적으로 통치기구는 적어도 3계층으로 나눠야 한다.

우선 외교, 국방, 금융 정책 등 국가 단위에서 움직일 필요가 있는 사항은 중앙정부가 맡는다. 그 외에 중앙정부가 하는 일은 도주제(道州制)를 도입해 홋카이도나 간사이, 규슈 등 9개

정도의 행정 단위로 이관한다. 물론 3권도 가능하면 부여한다.

예를 들어 현재 일본은 전국 어디서나 문부과학성이 정한 학습지도요령대로 교육하고 있다. 제1외국어로 영어는 필수지만 제2외국어는 각 지방에 맡겨야 한다. 홋카이도라면 러시아와의 관계가 있을 것이고, 동해 연안이나 규슈 북부라면 한국어를 사용할 수 있는 쪽이 좋다. 같은 규슈 지방에서도 오키나와나 아마미는 도쿄보다 대만 쪽이 훨씬 가까우니 경제권을 동중국해로 형성하는 것이 이치에 맞아 중국어(베이징어)가 도움이 된다. 이처럼 지방에 따라 함께 번영하고 싶은 파트너가 다르니 그에 맞춰 외국어 교육도 바꿔야 한다.

그 아래 기초자치단체에는 보다 지역 밀착형 자치권을 줘야 한다. 예를 들어 건축 기준은 기초자치단체 단위로 정하면 된다. 일본 국토는 동서와 남북 각각 약 3,000km로 지방마다 기후가 크게 다르다. 또 같은 지방이라도 산 쪽과 바다 쪽은 지반이나 재해 위험이 다르다. 그에 맞춰 꼼꼼하게 건축 기준을 정해야 하지만 현재는 전국적으로 일률적이다.

세계적 건축가 안도 다다오는 필자의 오랜 친구로, 나의 무덤 설계도까지 부탁했을 정도로 친하지만, 요즘은 일본 법령에 불만이 있다고 한다. 아무리 뛰어난 구상을 해도 제약 때문에 실현할 수 없는 경우가 많다는 것이다. 최근 안도 다다오는 두바이나 모나코 같은 왕족 관련 일을 늘리고 있다. 왕이라면 건축 기준도 재량껏 조정할 수 있기 때문이다. 지방을 상징하는 랜드마크를 만들고 싶어도 전국 일률적인 건축기준법이 방해가 되어 세계적인 건축가들에게 외면받고 있으니, 이보다 어리석은 일은 없다. 외국인 관광객들 사이에서 건축기준법이 없던 전국시대 '성(城)'의 인기가 높은데, 이는 각각의 성이 명장의 구상에 따라 독자적인 색채를 갖고 있기 때문 아닐까? 물론 안전을 경시해서는 안 되지만 그 기준은 각 지역이 정하도록 하면 될 것이다.

이처럼 통치기구를 근본적으로 개혁하려면 단순 헌법 개정으로는 대응할 수 없다. 현행 헌법을 손볼 것이 아니라 제로에서부터 새롭게 헌법을 생각해야 한다. 일본 국민 한 사람 한 사람이 미국 독립선언문의 기틀을 잡은 토머스 제퍼슨이 되었다는 심정으로 이 나라에 필요한 것들을 백지에 써 내려가는 것이다.

점령군이 두고 간 헌법을 어떻게 해석할 것인가를 두고 다투고 있는 동안에는 시대의 거대한 전환점에 대응할 수 없다. 정치가는 대국관을 가지고 이 나라의 모습을 제로에서 다시 생각해주기 바란다.

일본은 전후 80년을 거치면서도 외교, 안보, 통치기구를 전후 체제에 속박된 상태로 이어왔다. 그 결과 유엔과 미일 안보 의존이 한계를 맞으면서 지방자치도 유명무실해지고 있다. 필요한 것은 부분적인 헌법 개정이 아니라 통치기구를 근본적으로 재설계하고 지방에 권한을 부여하는 새로운 헌법의 창조다.

용어

항공모함 타격군(CSG. Carrier Strike Group)

항공모함을 핵심으로 순양함, 구축함, 잠수함 등으로 구성된 해군 기동부대. 함재기를 이용한 제공·대지 공격력과 호위 함정을 이용한 방어·대잠 능력을 겸비해 해상 통합 작전의 중핵을 담당하는 존재다.

통치기구

국가가 사회를 질서 있게 운영하기 위한 제도적 틀. 입법, 행정, 사법의 삼권분립을 기본으로 구성된다. 권력 집중을 막으면서 국민 권리를 보장하고 공공의 이익을 실현하기 위한 구조로서 민주제나 전제 등 형태에 따라 기능이 크게 다르다.

연방제 국가

여러 주(State)나 지역이 일정한 자치권을 유지하면서 헌법에 근거해 중앙정부와 권한을 분담하는 체제를 가진 국가. 외교, 국방 등은 연방 정부가 담당하고 교육, 경찰 등은 주에 맡기는 경우가 많다. 미국, 독일, 호주 등이 전형적인 예다.

5장

쌀 파동이 던진 질문, 농협은 왜 존재하는가?

'레이와 쌀 파동'으로 쌀값은 1년 만에 거의 2배로 뛰었고, 정부의 비축미 방출 과정에서 농협의 기능 부전이 적나라하게 드러났다. 또한 고이즈미 신지로 농림수산상의 '농협 분리' 정책에 의해 식량자급률 논리나 국산 지상주의의 한계도 명확해졌다. 일본 농정은 과연 어디로 가야 하는가?

논점

1. 쌀값 폭등이라는 혼란 속에서 왜 농협의 존재 의의와 기능 부전이 부각되었는가?
2. 재무성은 어떤 목적으로 고이즈미 농림수산상의 '농협 분리'를 지원했는가?
3. 식량자급률 신화를 넘어, 일본 농정은 앞으로 어떤 방향으로 나아가야 하는가?

용어

비축미, 농협, 칼로스 쌀

1년 만에 두 배로 뛴 쌀값,
정부의 미봉책이 드러낸 농협의 민낯

2025년 일본을 뒤흔든 쌀값 폭등은 6월 첫째 주부터 비축미가 매장에 진열되면서 간신히 진정될 기미를 보였다. 비축미 방출 지휘를 맡은 고이즈미 신지로 농림수산상(당시)에게는 정치 입문 후 첫 공로여서인지 어딘가 자신감이 엿보였다.

되돌아보면, 2024년 5월 쌀 소매 가격은 5kg에 2,100엔 전후였다. 그러나 점차 품귀 현상을 빚으며 급등했다. 생산량이나 소비량에 큰 변화가 없어 머지않아 진정될 것으로 보였지만, 2025년 3월에는 4,000엔 대로 치솟았다. 약 1년 만에 가격이 거의 두 배가 된 셈이다.

이에 정부는 3월, 흉작에 대비해 보관하던 비축미를 방출하기로 결정했다. 다만 그 방식이 좋지 않았다. 정부가 방출미에 1년(나중에 5년으로 변경) 기한의 환매(재구매) 조건을 붙인 것이다. 쌀이 시장에 너무 많이 풀려 가격이 예상보다 폭락하는 것을 막기 위한 조치였다.

하지만 일단 산 것을 나중에 도로 내놓으라고 하면 일반 유통업자는 입찰에 참여하기 어렵다. 실제로 입찰 참가 업자는 한정되었고, 1차 입찰에서는 전국농업협동조합연합회(JA)가 물량의 90% 이상을 낙찰받았다. 기존처럼 농협이 물량을 독점하면 유통 흐름은 바뀌지 않는다. 예상대로 소매 가격은 내려가지 않았다.

그런 와중에 에토 다쿠 당시 농림수산상이 "쌀을 (시장에서) 구매한 적이 없다. 지원자분들이 쌀을 많이 주셔서 다 먹지 못할 정도다"라고 실언했다가 경질되었다. 그 후임으로 등판한 인물이 고이즈미였다.

이시바 시게루 총리의 지시로 정부는 수의계약을 통해 소매업자에게 비축미를 직접 판매하기로 결정했다. 사실 고이즈미 장관은 총리의 지시를 따랐을 뿐이지만, 총리조차 3,000엔 대를 예상하던 차에 고이즈미 장관은 과감하게 2,000엔 정도라고 잘라 말했다. 평소 겉도는 화법으로 '포엠(Poem) 장관'이라는 야유를 받던 그였지만, 이번에는 거침없이 단언하니 묘하게 시원스러워 보였다.

그렇다 해도 처음부터 수의계약 방식을 택했다면 가격은 더 빨리 안정되었을 것이다. 그런 의미에서 정부 대응은 미흡했다. 단, 잘한 일이 하나 있기는 하다. 바로 농협의 역기능을 만천하에 드러낸 점이다. 농협 중심으로 유통하면 쌀값은 계속 오르고, 농협을 배제하면 내려간다는 사실을 국민 대다수가 확인하게 되었다. 이로 인해 농협의 존재 의의에 의문부호가 찍히게 된 것이다.

재무성이 고이즈미 장관의
'농협 때리기'를 지원사격하는 진짜 이유

전후 일본 취업 인구의 절반가량은 농업에 종사했다. 당시에는 농가 협동조합인 농협의 존재 의의가 컸다. 그러나 이제 농업 종사자 수는 전체 인구의 약 1.6%인 116만 명(2023년)으로 줄었다. 이에 맞춰 조직을 축소했다면 이해가 되지만, 농협은 여전히 전국에 500개 가까이 있고 직원 수는 약 17만 명에 달한다. 116만 농가를 지원하기 위해 이렇게 거대한 조직이 존재하는 것은 명백한 '사이즈 오버'다.

한편, 농협은 농가가 아니어도 가입할 수 있다. 비농가 준조합원을 더하면 조합원 수는 1,000만 명이 넘는다. 농업 종사자의 10배 가까운 조합원이 있는 이유는 조합원이 되면 유리한 조건으로 대출을 받고 기름도 싸게 살 수 있기 때문이다. 수많은 사람이 '농협'이라는 거대 조직의 혜택에 기대고 있는 셈이다.

농협에 기대는 존재가 하나 더 있다. 바로 자민당이다. 과거 자민당은 농협을 표밭으로 삼았고, 그 대가로 농가를 보호하는 보조금 제도를 정비해왔다. 그러나 농업 인구가 급감하면서 표의 위력도 예전 같지 않다. 조합원이 많다 해도 준조합원은 생산자보다 소비자 성격이 강하다. 이제 자민당이 농협을 지켜줘서 얻을 정치적 이익은 적다.

아버지 고이즈미 준이치로 전 총리가 우정 민영화를 단행했던 DNA를 물려받아서인지, 고이즈미 장관은 이 사실을 간파하고 농협과 거리를 두었다. "비축미를 풀면 유사시에 대비할 쌀이 없다"라고 외치는 의원이나 야당의 공격에 대해, 고이즈미 장관은 "해외로부터 (무관세) 미니멈 액세스 쌀의 입찰을 앞당기면 된다"라고 맞받아쳤다.

이와 함께 재무성도 고이즈미 장관의 강력한 응원군을 자처했다. 2025년 7월 참의원 선거를 앞두고 야당이 소비세 인하를 주장하는 것을 막기 위해서라도, 물가 체감에 영향이 큰 쌀값을 잡아야 했기 때문이다. 즉, 이번 '농협 패싱'은 고이즈미 장관 혼자만의 감각적인 플레이가 아니라, 재무성이라는 강력한 배경이 있었던 것이다.

식량자급률 100%의 허상:
에너지와 비료가 없으면 쌀도 없다

"농협이 약해지면 벼농사 농가가 무너지고 결국 소비자의 목을 조르게 된다"는 주장도 있지만, 이는 틀린 말이다. 농가 보호를 주장하는 논객들은 근거로 식량자급률을 든다. 쌀은 주식이므로 100% 자급하지 않으면 예상치 못한 사태에 곤란해진다는 논리다.

하지만 벼농사에는 논에 물을 대는 펌프와 트랙터 등 농기계가 필수다. 기계는 전력이나 기름으로 움직이는데, 일본의 석유 비축량은 국가 비축분과 민간 비축분을 합쳐도 240일 분 정도다. 화학비료 역시 화석연료 등을 원료로 한다. 쌀 자급률이 올해 100%라 해도 에너지가 고갈되면 내년 농사는 지을 수 없고, 소비자는 전기밥솥을 쓸 수 없어 생쌀을 씹어야 한다.

이런 구조적 문제를 무시하고 쌀만 자급률 100%를 외치는 것은 어불성설이다. 쌀 소비량은 해마다 줄고 있으며, 젊은 층이 선호하는 빵이나 면류의 원료인 밀 자급률은 17%에 불과하다. 식량 안보를 진심으로 걱정한다면 오히려 시장을 개방하고 외교적 노력으로 다양하고 안전한 수입 루트를 확보하는 데 주력해야 한다.

'수입 쌀은 맛없다'는 편견을 버려라: 캘리포니아와 호주의 사례

수입 쌀은 맛이 없어서 개방해도 일본인은 안 먹을 것이라는 의견 역시, 최근 해외 쌀을 먹어본 적 없는 사람들의 편견일 뿐이다.

최근 주목받는 '칼로스(Calrose) 쌀'은 미국 캘리포니아주에서 주로 재배되는 자포니카 계열 중립종(길이와 두께가 중간인 쌀)으로 맛이 꽤 괜찮다. 그중에서도 일본인이 미국으로 건너가 개발한 '고쿠호 로즈(국보 로즈)' 품종은 현지 일본인 주재원들에게 인기가 높아, 일본에 있는 가족 선물용으로 사 갈 정도다.

해외 쌀의 매력은 맛뿐만이 아니다. 해외 벼농사는 대규모로 이루어져 효율이 좋기 때문에 가격이 압도적으로 싸다. 필자의 지인은 호주 빅토리아주에서 연간 30만 톤의 쌀(품종은 고시히카리)을 생산한다. 논의 크기가 폭 6km, 길이 30km에 달한다. 30km면 도쿄역에서 요코하마역까지의 거리다. 눈에 보이는 모든 땅이 논인 셈이다.

"드넓은 땅에 물을 대기 힘들다"는 건 토지가 좁은 일본의 발상이다. 그 농장에서는 모터 그레이더라는 건설기계를 사용해 100m마다 약 2cm씩 경사를 두어 물이 자연스럽게 퍼지도록 설계했다. 모내기도 하지 않는다. 비행기로 씨를 뿌릴 뿐이다. 농약이나 비료도 쓰지 않는다.

"그렇게 방임하면 수확량이 떨어지지 않느냐"고 물었더니, "새들도 와서 먹지만 배부르면 딴 데로 간다. 벌레나 질병을 포함해도 90%는 건진다"라며 태연했다. 시간과 품을 들이지 않고 대량 재배하니 비용이 저렴하다. 가격을 물었더니 '5,000엔'이라고 했다. 1kg이 아니라 1톤에 5,000엔이라는 말에 충격을 받았다. 단위부터가 다르다. 일본 농업이 얼마나 비효율적인지 인정하지 않을 수 없었다.

보호주의를 버리고 '세계 최적지 조달'로 전환하라

"값싼 쌀이 들어오면 국내 농가가 못 버틴다"라고 하지만, 그것도 농가의 역량 나름이다. 나는 나가노현 사쿠시에서 'Oh my BBT 쌀'이라는 브랜드 쌀을 생산하고 있다. 인근 농가는 농협을 통하지 않고 저농약 명품 쌀을 휴게소에 직접 납품해 제값을 받는다. 쌀값 폭등 전에도 5kg에 5,000엔 전후를 받았는데 저녁이면 늘 매진되었다. 인터넷 판매도 하고 있다. 부가가치를 붙이면 값싼 쌀과 경쟁하지 않아도 충분히 이익을 낼 수 있다.

이번 비축미 파동으로 농협의 기능 부전이 드러났기에, 앞으로 휴게소나 인터넷 판매, 음식점 직거래 등 농협을 통하지 않는 유통 경로는 더욱 확대될 것이다.

소비자 입장에서 볼 때 '전 세계 최적지에서 생산한 맛있고 싼 쌀'을 먹는 것이야말로 이익이다. 이는 쌀에만 국한되지 않는다. 소고기는 아르헨티나의 붉은 살코기, 돼지고기는 덴마크와 폴란드, 닭고기는 우크라이나 등 세계에는 정말 맛있는 고기 생산지들이 있다. 일본에 잘 알려지지 않은 건 국내 축산업 보호를 명목으로 장벽을 쳐왔기 때문이다.

시장을 개방하면 외국산은 싸고 맛있기에 비싼 국내산은 외면받을 것이다. 일본 소비자는 맛있는 것을 싸게 먹을 기회를 박탈당해온 셈이다. "국내산은 안전해서 안심"이라고 하지

만, 일본은 세계 유수의 농약 사용국이다. 안전성 면에서 수입
품과 국산품에 큰 차이가 없다.

트럼프 대통령은 관세 정책으로 미국 경제를 정체시키고
세계와 갈등을 빚고 있다. 일본은 이를 반면교사 삼아야 한다.
전 세계 최적지에서 생산된 것을 수입하는 것이야말로 국민
생활을 풍요롭게 한다.

'레이와 쌀 파동'을 통해 농협의 기능 부전과 비효율적인 일본 농업의 실상이 드러났다. 식량자급률 신화에 매달릴 것이 아니라 시장 개방과 다양한 수입 루트 확보를 통해 진정한 식량 안보를 이뤄야 한다. 앞으로는 농협 의존에서 탈피해 세계 최적지에서 생산된 값싸고 맛있는 식량을 받아들이는 개혁이 이루어져야 한다.

용어

비축미

식량 안보를 목적으로 정부가 일정량을 비축하는 쌀. 주로 자연재해나 수입 두절 등 비상시 안정적 공급을 위해 운용된다. 묵은 쌀을 계획적으로 방출하고 햅쌀을 사들여 교체하는 '재고 비축 방식'을 채택해 수급이나 가격 안정화에도 기여한다. 방출된 비축미는 학교 급식이나 가공식품용으로 쓰이거나, 재해 시 긴급 구호용으로 활용되어 농업 보호와 국민 안심을 뒷받침하는 이중 역할을 한다.

농협(JA)

농업협동조합의 약칭. 전후 농지 개혁을 배경으로 1947년 발족해, 농가의 공동 출자·운영으로 판매, 구매, 금융, 공제 등 폭넓은 사업을 담당해왔다. 현재는 전국농업협동조합연합회(JA전농)와 금융, 공제 사업을 포함한 거대 조직으로 발전해 정조합원과 준조합원을 합한 수가 1,000만 명 규모에 이른다. 농업 경영 지원과 지역 사회 인프라를 지키는 존재지만, 비효율성과 이권 구조에 대한 비판도 받고 있다.

칼로스(Calrose) 쌀

1940년대 캘리포니아에서 개발된 중립종 쌀. 명칭은 'California'와 'Rose'의 합성어다. 일본 쌀보다 찰기가 적고 통통하며 가벼운 식감이 특징이라 샐러드, 필라프, 리조또 등 다양한 요리에 적합하다. 현재 미국을 중심으로 재배되며 수출도 활발해 세계 각지에서 캘리포니아 쌀 브랜드로서 사랑받고 있다.

6장

출산율 0.96의 충격, 일본의 활력을 지키기 위한 마지막 처방은?

일본의 출산율이 사상 최저치를 경신하는 가운데, 도쿄의 합계특수출산율(역주: 가임 연령에 해당하는 15~49세 여성들의 연령별 출산율을 합산한 수치. 한 명의 여성이 평생 낳는 아이 수의 평균을 추정하는 데 이용한다)은 0.96으로 전국 최저를 기록했다. 그런데도 정부와 지자체는 핵심을 벗어난 대책으로 일관하고 있다. 이제는 호적 제도 폐지나 이민 수용 등 실효성 있는 정책으로 과감히 전환해야 한다.

전국에서 가장 낮은 도쿄의 출산율

일본의 저출산이 나아질 기미를 보이지 않는다. 후생노동성이 발표한 인구동태통계(속보치)에 따르면 2024년 일본 국내에서 태어난 일본인 자녀 수는 68만 6,061명으로 통계 작성 이후 처음으로 70만 명을 밑돌았다. 그야말로 국가 존망의 위기이지만, 정치권의 움직임은 여전히 둔감해 앞날이 불안하기만 하다.

연간 출생자 수는 전년보다 약 4만 명 감소했다. 합계특수출산율은 1.15로 전년의 1.20을 밑돌았다. 특히 심각한 곳은 도쿄도다. 도쿄도의 합계출산율은 전년에 처음으로 1을 밑돌았는데, 2024년에는 더욱 악화해 0.96까지 내려갔다. 이는 전국 도도부현 중 최하위다.

11년 전, 지식인들로 구성된 민간 조직 '일본창성회의'가 "896개 지자체가 소멸할 가능성이 있다"라는 내용의 '마스다 리포트'를 발표해 과소 지역의 저출산 문제에 경종을 울린 바 있다. 이는 출산의 중심적 역할을 담당하는 20~39세 젊은 여성의 인구 동태를 바탕으로 산출한 것이었다.

그러나 지방에서 젊은 여성들이 유입되고 있는 도쿄도의 출산율이 전국 최저이고, 심지어 계속 떨어지고 있다는 사실은 무엇을 의미하는가? 회의의 좌장을 맡은 마스다 히로야 전 총무장관 등의 지적은 초점을 잘못 맞추고 있다. 젊은 여성을 불러들인다고 해서 출산율이 저절로 개선되는 것은 아니라는 뜻이다.

'가족애'가 사라진 시대, 롤 모델이 없다

저출산에는 몇 가지 원인이 있다. 하나는 가족을 중시하는 사회적 풍조의 쇠퇴다. 쇼와 시대는 홈 드라마의 전성기였다. 《버스 거리 뒤편》,《우리 엄마는 세계 최고》,《사모님은 마녀》 등 TV를 켜면 늘 가족의 유대감을 긍정적으로 그린 드라마가 방영되었고, 시청자들은 화목하게 사는 가족의 모습을 동경 하곤 했다.

하지만 이제 홈 드라마는 멸종 위기이고, 현재 방영되는 드라마는 경찰이나 의료 관련 장르뿐이다. 애초에 드라마 편성 자체가 줄어들고, 연예인들이 모여 앉아 잡담이나 나누는 버라이어티 프로그램만 난무하고 있다. 'TV 이탈' 현상도 가속화되어 젊은이들은 틱톡(TikTok)이나 유튜브에서 자기 취향의 짧은 영상만 찾아본다.

TV만의 이야기가 아니다. 과거에는 가정을 소중히 여기는 정치인도 있었다. 나는 고 오부치 게이조 총리와 친분이 있어 은혼식에 초대받은 적이 있는데, 오부치 전 총리가 참석자들에게 기쁜 표정으로 가족을 소개하던 모습이 아직도 생생하다.

오부치 전 총리는 내가 당시 경영에 관여하던 오다이바의 상업 시설 '비너스 포트'를 몰래 방문한 적도 있다. 수예를 하던 그의 큰딸이 시설 내 카트에서 판매를 하고 있었는데, 한 나라의 총리가 그 바쁜 와중에도 딸을 응원하러 짬을 내어 온 것이다.

그러나 그 후 역대 총리와 지사 등 정치인들에게서 '가정이 제일', '자녀가 가장 소중하다'라는 에피소드를 들어본 기억이 없다. 가족을 소중히 여기는 이미지가 전혀 없는 정치인들이 "출산율을 개선하자", "결혼해서 아이를 낳자"라고 아무리 외쳐본들 설득력은 제로다.

아이는 이제 '자산'이 아니라 '비용'이다

저출산에는 산업 구조의 변화도 한몫했다. 앞서 말했다시피 전후 일본은 일하는 사람의 절반가량이 농업에 종사했다. 과거 농업은 완전한 노동집약형 산업으로 일손이 많을수록 좋았기에, 일찍 결혼해서 아이를 많이 낳아 농사를 돕게 했다. 2022년 민법 개정 전까지 여성이 남성보다 이른 16세부터 결혼할 수 있었던 것도 그 흔적이다.

그러나 이제 농업 인구는 총인구의 약 1%에 불과하다. 소수의 농가는 대부분 노인들로 구성되어 있고 기계를 이용해 농사를 짓는다. 대신 공업이나 서비스업이 대두되면서 일하는 사람 대부분이 직장인(샐러리맨)이 되었다.

자영업인 농가와 달리, 직장인에게 아이는 노동력이 되지 않는다. 오히려 맞벌이 부부에게 아이를 갖는 것은 경제적 부담이 되고, 커리어를 형성하는 데 핸디캡이 될 수도 있다. 즉, 가구 단위로 볼 때 아이를 낳고 키우는 '경제적 합리성'이 사라진 셈이다.

도쿄도의 AI 결혼 활동 앱이 저출산을 더욱 가속하는 이유

저출산에는 또 하나 간과해서는 안 될 원인이 있다. 바로 '결혼 활동(혼활)의 디지털화'다.

요즘 청년들은 믿기 힘들겠지만 쇼와 시대에는 여성을 데이트에 초대하는 것조차 쉬운 일이 아니었다. 연락 수단은 편지나 집 전화뿐이었다. 집에 전화를 걸면 상대의 아버지가 받을 수도 있었다. 그 관문을 뚫지 못하면 본인과 연결되지 않았다. 스마트폰 시대라면 "지금 어때?"라고 간단히 물을 수 있지만, 당시에는 미리 절차를 밟지 않으면 데이트가 쉽지 않았다.

어쨌든 한 번의 데이트에도 시간과 노력이 필요했기 때문에, 3~5번 정도 만나면 결혼에 적합한 상대인지 판단해 결혼을 전제로 한 교제로 발전시켰다. 맞지 않는다는 생각이 들어도, 다른 여성을 데이트에 초대하는 과정을 처음부터 다시 시작해야 한다는 부담 때문에 나름대로 적당한 선에서 타협하는 사람이 적지 않았다. 부모나 중매인의 압력으로 결혼하는 경우도 많았다.

반면 지금은 매칭 앱으로 결혼 활동을 하는 시대다. AI가 제안하는 후보의 사진과 프로필을 보고 마음에 드는 상대와 쉽게 데이트할 수 있다. 만남의 문턱이 낮아지면 결혼하는 사람이 늘어날 것 같지만, 실상은 정반대다. 부담 없이 만날 수 있기 때문에 "더 좋은 사람을 만날 수 있을지도 모른다"는 생각에 끊임없이 상대를 고르다 오히려 결혼이 늦어진다.

이혼의 문턱도 낮아졌다. 결혼 생활이 '노동집약형'이던 시절에는 "이혼하면 재혼 상대를 찾기 힘들다", "중매쟁이 볼 면목이 없다"는 생각에 브레이크가 걸렸지만, 매칭 앱이 있다면 바로 재혼 상대를 찾을 수 있다. 후보가 많으면 결혼 결정은 늦어지는 반면 이혼 결정은 빨라진다. 비혼화, 만혼화, 이혼 조기화가 진행되면 자연스럽게 출산율은 떨어진다. 이러한 현상은 세계적인 조류로, 미국 주간지 《뉴스위크》 특집에서도 매칭 앱의 폐해를 다룬 바 있다.

이런 사정을 제대로 조사하지도 않은 채, 합계특수출산율이 가장 낮은 도쿄도는 2024년 9월부터 결혼 활동을 지원한다며 AI 매칭 앱 'TOKYO 인연 맺기'를 운용하고 있다. 도쿄도는 앱을 포함한 결혼 지원 사업에 3년간 총 8억 엔의 예산을 쏟아부을 계획이다. 고이케 유리코 도지사는 저출산 대책이라고 홍보하고 있지만 커다란 착각이다. 이러한 결혼 활동 지원은 오히려 역효과를 내며 도쿄도의 저출산을 더욱 가속할 것이다.

'혼외자 차별'의 온상인 호적 제도

세금을 낭비하며 매칭 앱을 만드는 것보다 먼저 해야 할 일이 있다. 바로 '호적 폐지'다.

우선 혼외자 문제다. 일본에서는 아버지의 호적에 들지 않는 아이는 '비적출자(혼외자)'로 분류된다. 비적출자는 법적으로 권리가 제한되어 사회적으로도 차별받아왔다. 미혼모의 출산과 육아는 모자 모두에게 핸디캡이 되기 때문에 낙태를 선택하는 경우가 많았다.

혼외자 차별의 온상이 되는 호적 제도를 운용하는 나라는 현재 세계에서 일본, 중국, 대만뿐이다. 한국은 2002년 당시 노무현 대통령이 대선 공약으로 호적 폐지를 내걸고 당선됐으며, 2008년 남녀 차별의 온상이라는 이유로 이를 폐지했다.

일본에서는 호적의 본적지를 황궁이 있는 '도쿄도 치요다 구 치요다 1번지'로 지정하는 사람이 많아, 내가 사는 치요다 구의 행정을 압박하는 골칫거리가 되고 있다. 2025년에는 호적에 후리가나(읽는 법 표기) 등록을 추진한다지만, 단점밖에 없는 시대착오적 호적법은 한국처럼 즉시 폐지해야 한다.

호적이 존재하는 탓에 일본에서는 '피가 이어졌는가'를 중시하는 경향이 강한데, 서구와 비교하면 지극히 비정상적이다. 선진국 중 출산율이 비교적 높은 프랑스는 태어난 아이의 약 60%가 혼외자다. 미국은 약 40%, 영국은 약 50%, 독일이나 이탈리아도 30%가 조금 넘는다. 반면 일본은 약 2%에 불과하다.

덧붙여 프랑스에는 아이가 많을수록 세금이 줄어드는 구조인 'N분N승 방식'이 있다. 또 스웨덴에서는 자녀가 많으면 넓은 집에 살 수 있도록 월세 보조금이 나온다. 출산율이 2명에 가까운 선진국은 자녀 양육 가구에 대한 경제적 지원도 충실하게 실행하고 있다.

속수무책으로 출산율이 떨어지는 일본과 달리, 일단 출산율을 끌어올린 북유럽 국가나 프랑스는 아직 여유가 있다. 안타깝게도 저출산은 선진국의 숙명이다. 단, 출산율이 낮더라도 국력을 유지하는 방법은 있다. 바로 '이민자 수용'이다. 자녀 수가 줄더라도 이민으로 생산인구 감소를 보완하면 된다.

이민자 유입은 사회에 혼란을 초래한다는 우려가 높지만, 갈등이 발생하는 것은 최초 10~20년이다. 독일의 터키 이민자들처럼 2세대, 3세대로 대를 거쳐 정착하면서 우수한 인재를 배출해 사회를 견인하게 된 사례도 있다.

독일은 그러한 시행착오와 성공 체험을 거치며 이민자 수용 시스템을 다듬어왔다. 구체적으로는 이민자들에게 2년간 독일어와 독일 문화, 생활 습관 등을 의무적으로 배우는 과정을 마련했다. 난민은 무료, 이민자는 저렴한 가격으로 수강할 수 있다. 과정을 수료하면 시민권 취득에 유리해진다. 이민을 계획적으로 받아들이는 캐나다나 호주에서도 비슷한 이민 정책을 실행하고 있다. 일본은 저출산으로 비어 있는 학교가 늘고 있으니, 그곳을 활용해 선생님들이 이민자 교육을 맡으면 된다.

국가나 도쿄도의 정치가는 매칭 앱 지원이나 호적의 '후리가나 기재' 같은 일본을 쇠퇴시키는 헛된 정책을 당장 그만두어야 한다. 해외 사례를 배워 한시라도 빨리 차별 철폐와 이민 프로그램을 확충해 저출산 문제에 정면으로 임해야 한다.

결론

일본의 저출산 문제는 가족관의 쇠퇴, 산업 구조의 변화, 결혼 생활의 디지털화가 맞물려 갈수록 심화하고 있다. 그런데도 정치는 빗나간 시책만 반복하며 사태를 악화시키고 있다. 지금 필요한 것은 호적 제도의 폐지, 육아 지원 강화, 그리고 과감한 이민 수용이다. 국제 사례를 배워 실효성 있는 정책으로 전환할 수 있을지가 관건이다.

용어

매칭 앱

스마트폰이나 PC를 통해 연애나 결혼 상대를 찾는 서비스. 사용자가 프로필, 사진, 취미, 가치관을 입력하면 알고리즘이나 AI가 궁합이 높은 상대를 제시하는 구조다. 20~30대 젊은 층을 중심으로 도시뿐만 아니라 지방에서도 새로운 만남의 기회를 제공하고 있다. 기존 결혼상담소보다 비용이 저렴하고 부담 없이 이용할 수 있다는 장점이 있지만, 익명성을 악용한 문제나 정보의 신뢰성, 결혼에 대한 진정성 차이 등 과제도 많다.

호적

일본 국민의 신분 관계를 등록·증명하는 제도로 출생, 혼인, 이혼, 사망 등 인생의 주요 사건을 기록한다. 1895년 전국적으로 도입되어 집 단위로 구성원을 등록하는 방식이 채택되었기에 가부장제를 반영한 제도라 할 수 있다. 현재도 일본 국적 증명이나 상속, 혼인 절차상 필수적이지만, 국제적으로는 개인 단위 등록이 일반적이다. 호적은 입양, 재혼 가정, 사실혼 커플, 성 소수자 등 다양한 가족 형태를 반영하지 못해 저출산 대책 논의에서도 유연한 가족관 형성을 막는 장애물로 지적받는다.

N분N승 방식

프랑스에서 시행 중인 가족 단위 과세 제도를 일본에서 부르는 말. 가구의 소득을 가족 수(N)로 나눈 뒤 세율을 적용하고, 다시 그 세액에 가족 수(N)를 곱해 전체 세금을 산출하는 방식이다. 누진세 구조하에서는 소득을 가족 수로 나누면 적용 세율이 낮아지므로, 자녀가 많을수록 세금 감면 효과가 커져 저출산 대책으로 꼽힌다. 일본 지방교부세 산정에서도 같은 용어가 쓰이지만, 이는 인구나 면적을 단순 비례하지 않고 보정한다는 재정학적 의미로, 프랑스의 출산 장려 세제와는 목적과 쓰임이 다르다.

7장

고교 수업료 무상화는 왜 교육의 자유와 다양성을 파괴하는가?

여야 합의를 통해 졸속으로 도입된 '고교 무상화'. 본질적인 교육 논의가 빠진 이 정책은 공립 학교의 지반 침하와 교육의 경직화를 초래할 위험을 내포하고 있다. 지금 정말 필요한 것은 형식적인 평등이 아니라, 낡은 학습지도요령의 족쇄를 풀고 아이들의 개성을 키우는 교육으로의 대전환이다.

논점

1. 고교 무상화는 왜 교육의 본질에 대한 논의 없이 졸속으로 결정되었는가?
2. 무상화 정책은 어떻게 교육 격차를 심화하고 공립 학교의 붕괴를 초래하는가?
3. 획일화된 교육을 넘어 개성을 살리고, 학교 선택의 자유를 넓힐 대안은 무엇인가?

용어

고교 무상화, 중앙교육심의회, 새로운 학습지도요령

교육 철학은 없다, 오직 '표'를 위한 야합만 있을 뿐

자민당, 공명당의 여당과 야당인 일본유신회가 고교 무상화 도입에 합의했다. 그러나 이것이 졸속 합의였음을 부인할 수는 없다. 이대로라면 나라를 망치는 어리석은 포퓰리즘 정책이 되고 말 것이다.

고교 무상화는 원래 민주당 정권 시절인 2010년에 실현된 정책이었다. 단, 당시에는 국공립 고등학교에 지급되는 취학 지원금이 연간 11만 8,800엔이었고, 사립고 취학 지원금에도 소득 제한이 있었다.

그런데 갑자기 사태가 급변했다. 2024년 10월 중의원 선거에서 자민당이 의석을 대거 잃었기 때문이다. 예산안을 통과시키려면 야당의 협조가 절실했고, 결국 일본유신회가 강력히 밀어붙인 '소득 제한 없는 완전 무상화'를 받아들일 수밖에 없었던 것이다.

사실 도쿄도나 오사카부는 이미 독자적인 행정 판단으로 고교 무상화를 시행하고 있었다. 이것도 논의에 박차를 가했다. 지방 입장에서 보면 '지방 창생'을 외치면서 정작 도쿄와 오사카만 무상화 혜택을 누리는 현실이 불공평하게 비쳤기 때문이다. 더구나 오사카부는 재정에 여유가 있어서 무상화를 한 것도 아니었다.

결국 이번 고교 무상화는 국회 운영이나 선거 대책 같

은 중앙 정당의 당리당략과 재원이 부족해 불만을 품은 도쿄 외 지방자치단체의 이해관계가 맞물려 성립된 것이다. 이에 따라 2025년도 예산이 통과되어 4월부터 공립과 사립 모두 소득 제한이 철폐되었다(사립고 추가 지원의 소득 제한 철폐는 2026년 4월부터이다).

본질적인 논의 없이 당리당략으로 결정된 고교 무상화

이번 3당 합의를 보며 떠오르는 것은 2007년 국민투표법 통과 당시의 풍경이다. 당시 제1차 아베 내각은 헌법 개정을 위해 국민투표법을 성립시키려 했다. 여당은 애초 20세 이상에게 투표권을 줄 생각이었으나, 여야 협의 과정에서 법 시행 후 18세 이상으로 낮추는 것을 검토하기로 합의했다.

원래 이때 '성년은 몇 살부터인가?'에 대한 사회적 합의가 선행되어야 했다. 하지만 '무엇을 기준으로 성인으로 볼 것인가'라는 본질적인 논의는 생략된 채 투표 연령만 덜컥 낮춰버렸다. 워낙 졸속으로 정한 탓에 선거권은 18세부터지만 음주와 흡연은 20세부터 가능하고, 소년법 보호 대상에서 완전히 벗어나는 것도 20세부터라는 뒤죽박죽인 상태가 되어버렸다.

전국의 지자체들도 혼란에 빠졌다. 지금까지는 20세가 된 사람을 '성년의 날' 행사에 초대했다. 그러나 2022년 4월부터 민법상 성인 연령이 18세로 낮아지면서, 대부분의 지자체는 식전 대상 연령을 20세로 유지한 반면, 일부 지역은 18세 기준으로 바꾸는 등 대응이 엇갈렸다.

이번 고교 무상화도 당리당략으로 결정되면서 교육의 본질에 대한 논의는 손도 대지 못했다. 무상화와 의무교육은 무엇이 다른가? 사립까지 무상화된다면 공립과 사립의 존재 의의는 각각 무엇인가? 막대한 세금을 쏟아붓는 만큼 고교 졸업 때까지 어떤 인재를 길러내야 하는가? 이런 따져봐야 할 문제들이 산적해 있다.

성인 연령 논의와 합쳐서 생각해보자면, 차라리 고등학교까지 의무교육화해 마지막 1년은 사회인 교육을 실시하고, 졸업과 동시에 모든 면에서 성인으로 대우하는 것이 모순 없이 깔끔하다. 이처럼 '전체 디자인'에 대한 고민 없이 눈앞의 이익만 좇아 교육 정책을 추진하면 반드시 왜곡이 생긴다. 고교 의무교육화를 주장해온 나조차도 이번 무상화 정책은 비판하지 않을 수 없다.

사립으로의 '엑소더스', 공립 고교는 '슬럼화'

앞으로 전국의 교육 현장에서는 어떤 왜곡이 발생할까? 이미 무상화를 시행 중인 도쿄나 오사카의 상황을 보면 미래가 보인다.

도쿄와 오사카에서 드러나는 가장 큰 변화는 '공립에서 사립으로의 대이동'이다. 공립과 사립의 결정적 차이는 커리큘럼의 자유도다. 사립은 그 자유도 덕분에 교사 채용도 학교 단위로 결정할 수 있다. 입시 대책을 위한 특별 수업을 편성하거나, 높은 급여를 주고 우수한 스타 강사를 채용하는 것도 가능하다. 자녀가 높은 학력을 얻길 바라는 부모라면 당연히 사립을 택한다.

고교 무상화로 학비 장벽이 사라지면 공립에서 사립으로의 이탈은 가속화될 것이다. 실제로 오사카의 2025년 공립 고등학교 일반 입시에서는 오사카부립고교 중 상위권인 네야가와, 야오, 오토리 고등학교의 경쟁률조차 1대 1을 밑돌았다. 지방은 아직 사립보다 공립을 선호하는 경향이 있지만, 무상화가 전국적으로 시행되면 공립의 지반 침하가 일어나며 머지않아 역전될 것이 틀림없다.

결과적으로 중학교를 졸업하고 직업 훈련을 받으며 기술을 연마하던 일본의 전통 산업 인력은 줄어들 것이고, 공부할 의욕 없이 친구들과 몰려다니며 일탈을 일삼는 학생들이 모인 '불량 공립고'만 늘어날 것이다. 즉, 공립 학교의 슬럼화다.

물론 경쟁력이 없는 학교가 도태되는 것 자체가 나쁜 일이 아니다. 내가 임원을 지냈던 MIT(매사추세츠 공과대학)에서는 《비즈니스위크》 대학 순위에서 3위 안에 들지 못하면 학부장이 해고된다. 그래서 학부장들은 필사적으로 우수한 교수를

스카우트한다. 성과를 내야 한다는 압박이 교육의 질을 유지하는 원동력이다.

문부과학성의 '쇠사슬'을 끊어라

문제는 앞서 지적했듯 공립 고등학교는 문부과학성의 구속이 심해 자유도가 낮다는 점이다. 손발이 묶인 공립은 사립과 건전한 경쟁을 할 수 없다. 사립도 무상화해 공립과 같은 링 위에 올릴 생각이라면, 공립에도 사립과 동등한 재량권을 줘야 한다.

나아가 사립을 포함해 일본의 모든 학교를 문부과학성과 중앙교육심의회가 정하는 '학습지도요령'의 구속에서 해방해야 한다. 무엇을 어떻게 가르칠지는 국가가 획일적으로 정하는 것이 아니라, 학교가 주체적으로 결정해야 한다.

컴퓨터 프로그래밍에 일찍 눈을 뜬 필자의 둘째 아들은 일본의 경직된 교육이 맞지 않아 중학교를 자퇴하고, 미국으로 건너가 컴퓨터 교육에 특화된 기숙형 사립학교에 들어갔다. 하지만 아들은 입학 후 얼마 지나지 않아 "컴퓨터 담당 선생님보다 내 실력이 더 뛰어나 배울 게 없다. 그만두고 싶다"라고 말했다. 내가 학교장과 상의했더니, 학교 측은 놀랍게도 IBM 엔지니어를 새로 고용해주었다.

그래도 아들은 부족하다며 투정을 부렸지만, IBM 출신 신임 교사는 발상이 매우 유연했다. 그는 아들에게 "그럼 네가 다른 학생들을 가르쳐보면 어떨까?"라고 제안했다. 학교 측도 이를 허락해 아들은 고등학교 2학년 때부터 IT 분야 선생님이 되었다. 가르치는 입장이 되면서 새로운 배움과 발견이 있었을 것이다. 학창 시절을 만족스럽게 마친 아들을 보며, 그제야 부모로서 가슴을 쓸어내릴 수 있었다.

미국의 공교육은 전체적으로 무너지고 있다는 평가를 받지만, 필자의 아들이 다닌 학교처럼 유연성이 살아 있어 재능을 망치지는 않는다. 그 결과 상위권 학교에서는 우수한 전문가나 리더가 배출돼 국가와 기업을 이끌어간다. 국가 시스템에 문제는 있어도 '자유도'가 높기에 우수한 학교가 탄생할 가능성이 열려 있는 것이다.

반면 일본 교육은 여전히 전원을 균일화해 평균점을 끌어올리는 '공업화 사회' 모델을 고수하고 있다. 정보화 사회, AI가 지배하는 사회에서는 평균점이 아무리 높아도 개성이 없는 인재라면 쓸모가 없다. 지금 교육에 필요한 것은 평균 점수 향상이 아니라 '개성'을 키우는 것이다.

AI가 등장한 지금, 학습지도요령은 3개월 단위로 수정해야 한다

학습지도요령은 약 10년에 한 번 개정된다. 학년에 따라

순차적으로 적용되므로 실질적으로는 20년에 한 번밖에 바뀌지 않는 경우도 있다. 가장 최근인 2017년에 고시된 새 학습지도요령에 따라 초중고 프로그래밍 교육 내용도 바뀌었다. 하지만 당시에는 '생성형 AI'가 세상에 나오기 전이었다.

생성형 AI의 등장으로 프로그래밍 방식은 완전히 뒤바뀌었다. 그런데도 학교에서는 다음 개정 때까지 철 지난 옛날 방식을 가르친다. 이 얼마나 한심한 일인가. 급변하는 사회에서 활약할 인재를 키우려면 학습지도요령을 3개월 단위로 수정해도 모자랄 판이다.

현재의 중앙교육심의회 구조로는 3개월은커녕 1년 단위 개정도 불가능하다. 그렇다면 지도 내용은 각 학교에 전적으로 일임해 학교마다 특색을 갖추게 해야 한다. 학생과 학부모는 자신에게 맞는 학교를 선택하면 그만이다.

학교는 무엇을 가르쳐도 상관없다. 내 고등학교 시절 은사님은 지리가 취미여서 "내가 좋아하니까 가르친다"라고 당당하게 말하는 분이었다. 선생님이 열정을 가지고 가르치니 학생들도 흥미를 느꼈다. 그 덕분에 나도 인문 지리를 좋아하게 되었고, 시험에도 안 나오는 전 세계 소도시 이름까지 외우게 되었다.

나는 원자력공학 박사 학위를 받은 이공계 사람이지만, 사회에 나와 가장 큰 도움이 된 것은 바로 그때 익힌 지리 지식이었다. 미국 기업 M&A에 관여했을 때, 인수 대상자 중 한 명이 뉴저지주 패터슨 출신이었다. "아, 패터슨이군요. 한때 실크 산업으로 번창했던 역사가 있는 곳이죠?" 이렇게 인사를 건네자 상대방은 "그렇게 작은 도시를 어떻게 아십니까?"라며 크게 기뻐했고, 단숨에 심리적 거리가 좁혀졌다. 이는 하나의 예일 뿐, 상대방 출신지 이야기로 분위기를 풀어 일이 매끄럽게 진행된 사례는 셀 수 없이 많다.

이제 학습지도요령 따위는 필요 없다. 지금 세계 무대에서 활약하는 일본인들을 보라. 요리, 애니메이션, 게임, 음악, 건축, 스포츠 등 각 분야를 선도하는 인재들은 모두 문부과학성의 지도 요령 '범위 밖'에서 성장한 사람들이다. 의무교육 단계에서도 이런 분야를 전문적으로 가르치는 학교가 나와야 한다.

학습지도요령으로 학교를 꽁꽁 묶어놓은 채 무상화만 한다면, AI로 대체 가능한 획일적 인력만 대량 생산될 뿐이다. 그런 죽은 교육에 세금을 쏟아붓는 것이 과연 옳은가? 지금 가장 치열하게 논의해야 할 것은 바로 이 교육의 본질이다.

고교 무상화는 졸속과 당리당략의 산물로, 공립 학교의 지반 침하와 교육의 획일화를 초래할 것이다. 진정 필요한 것은 세금을 뿌려 만드는 형식적 평등이 아니다. 학습지도요령이라는 족쇄를 풀고 학교에 자유 재량을 부여해, 아이들의 개성을 키우는 교육으로 전환하는 것이다. 그렇지 않으면 무상화는 미래 인재를 망치고 국력을 약화시키는 최악의 정책으로 남을 것이다.

고교 무상화

2010년 시작된 공립 고등학교 수업료 실질 무상화를 기점으로, 사립 고등학생에게도 취학 지원금을 지급하는 제도. 최근 소득 제한을 철폐해 가구 연봉과 관계없이 전액 무상화를 추진하는 방향으로 확대되었다. 교육 격차 해소와 진학률 향상, 저출산 대책으로서의 효과가 기대되지만, 막대한 재원 확보 문제와 공립 학교 기피 현상 등 부작용도 우려되고 있다.

중앙교육심의회

1952년 설치된 문부과학성 장관의 자문 기관. 교육 제도, 대학 개혁, 교원 양성 등 교육 전반의 중요 과제를 심의한다. 특히 학습지도요령 개정에 깊이 관여해 일본 교육의 방향성을 결정짓는 막강한 영향력을 가진다. 학계, 교육계, 산업계, 문화계 등 다양한 전문가로 구성된다.

새로운 학습지도요령

약 10년마다 개정되는 일본 학교 교육의 기본 지침으로, 2017년에 고시되어 2020년도부터 순차적으로 실시되었다. 중심 이념은 '살아가는 힘'의 육성이며, 단순 지식 습득을 넘어 지식을 활용하는 사고력, 판단력, 표현력을 신장시키는 데 중점을 둔다. 구체적으로는 '주체적이고 대화적인 깊은 배움(액티브 러닝)'을 중시했고, 초등학교 영어의 정식 교과화 및 프로그래밍 교육 필수화를 도입했다. 중·고등학교에서는 탐구 학습과 도덕의 교과화도 진행되어, 급변하는 사회와 AI 시대에 대응할 수 있는 자질과 능력을 육성하는 것을 목표로 하고 있다.

8장

AI 시대를 맞이한 지금, 교육은 어떻게 쇄신되어야 하는가?

AI를 교육에 도입하는 것은 사회 전체의 경쟁력을 좌우하는 핵심 과제다. 누구나 세계 수준의 수업을 들을 수 있는 환경을 조성하고, AI가 개별 지도를 담당하는 구조를 제도화해야 한다. 교육 정책은 근본부터 바뀌어야 한다.

논점

1. 공업화 사회를 전제로 한 학습지도요령이 AI 시대에 안고 있는 치명적 결함은 무엇인가?
2. 학습지도요령 범위 밖에서 자란 인재가 오히려 세계적으로 활약하는 이유는 무엇인가?
3. 부모가 아이에게 정답을 가르치는 대신 '함께 생각하는' 교육이 갖는 의미는 무엇인가?

용어

AI교사, AI챗봇, 학습지도요령

교원 부족은 위기가 아니다:
'세계 최고'의 수업을 온라인으로 듣는 시대

전국적으로 교원 부족이 심각해지고 있다. 그러나 교원 수를 억지로 늘릴 필요는 없다. AI 시대가 된 지금, 교원 부족은 오히려 일본 교육을 근본적으로 재검토할 수 있는 절호의 기회이기 때문이다.

전일본교직원조합이 전국 지방 조직을 통해 교원 미배치 현황을 조사했다. 응답한 36개 도도부현과 12개 정령시(인구 50만 이상 특별행정시)를 집계한 결과, 2025년 5월 1일 기준 결원 수는 초등학교 1,478명, 중학교 1,184명, 고등학교 418명, 특별지원학교 514명 등 총 3,662명에 달한다.

각 도도부현 교육위원회는 교원 면허가 없는 사람에게 예외적으로 '임시 면허'를 발급해 결원을 메우려 하고 있다. 임시 면허가 있으면 최장 3년 동안 수업을 맡을 수 있다. 그러나 이는 결국 '언 발에 오줌 누기'일 뿐이다. 2024년도 공립 학교 교원 채용 경쟁률은 3.2배로, 3년 연속 사상 최저를 기록했다.

하지만 당황할 필요는 없다. AI 시대에는 선생님이 많이 필요 없기 때문이다. 인터넷을 활용하면 선생님은 '단 한 명'이면 충분하다.

예를 들어 대학 경제학 강의는 기본 교과서에 따라 진행되는 경우가 많다. 수업에서는 돌아가며 교과서를 읽는다. 교수의 역할은 그 내용을 풀어서 설명하는 것뿐이다. 자신의 독창적인 생각이나 지식을 이야기하는 것이 아니다. 그렇다면 굳이 학교마다 교수를 둘 것이 아니라, 일류 경제학자의 강의를 인터넷으로 송출하는 편이 훨씬 낫다. 영어가 서툰 사람은 AI를 통해 번역해 들으면 된다.

다른 과목도 마찬가지다. 유기화학 세계에는 루이스 피저와 메리 피저 부부가 쓴 《유기 합성 시약(Reagents for Organic Synthesis)》이라는 고전 텍스트가 있다. 내가 다닌 와세다대학 이공학부에서는 이 원서를 돌아가며 읽는 수업을 했다. 선생님은 텍스트를 학생에게 번역시키고 "여러분, 이해하겠습니까?", "그 번역은 틀렸습니다"라는 식으로 확인만 할 뿐이었다. 화학 수업이라기보다 영어 독해 수업 같은 느낌이었다.

나는 대학 1학년 때 운수성(현 국토교통성)의 통역안내사 면허를 딸 정도로 영어가 능숙했기에, 텍스트를 훑어보는 것만으로도 이해할 수 있었다. 이런 지루한 수업에 참석할 시간에 대학 밖에서 다른 경험을 쌓는 편이 훨씬 더 큰 공부가 된다. 나는 관광 가이드로서 영어를 사용해 외국인을 상대했는데, 그때의 인맥이나 경험은 무엇과도 바꿀 수 없는 소중한 자산이다.

고등 교육에만 국한된 이야기가 아니다. 초중등 교육에도 각 영역의 일인자가 있다. 그런 선생님에게 영어로 수업을 해

달라고 하면 된다.

언어 장벽은 걱정할 필요가 없다. 내가 말레이시아 마하티르 모하마드 총리의 고문으로 일했을 당시, 말레이시아에서 국어 논쟁이 벌어졌다. 영어 교육에 힘쓰지 않으면 세계에서 뒤처지지만, 말레이어를 경시하면 이슬람교 세력이 반발하는 상황이었다. 마하티르 총리의 상담을 받은 나는 "각 학교가 결정하게 하면 된다"라고 제안했다.

그러자 대부분의 학교가 물리나 수학은 영어로, 국어와 종교는 말레이어로 가르치게 되었다. 영어로 물리와 수학을 가르치기 위해 호주에서 선생님도 초빙했다. 그 결과 아이들은 두 가지 언어를 사용하며 자라 자연스럽게 2개 국어(Bilingual)를 구사하게 되었다. '영어를' 가르치는 것이 아니라 '영어로' 가르치는 것이다. 이제 말레이시아는 자녀를 저렴한 비용으로 어학 연수 보낼 수 있고 2개 국어 교육을 받게 할 수 있는 국가로서 일본에서도 인기가 높다.

AI 교사의 '개별 맞춤 지도'가 인간보다 나은 이유

학습은 수업을 듣는 것만으로는 부족하다. 지식이나 기술은 문제를 풀거나 반복 연습을 해 내 것으로 체화해야 한다. 바로 이 지점에 'AI 교사'를 도입하는 것이다.

학교에서는 한 명의 선생님이 수십 명의 학생을 맡으므로

'표준 수준'에 맞춰 수업을 진행할 수밖에 없다. 반면 AI 교사는 1대 1 개별 지도가 가능해, 개인의 목표와 현재 상황의 차이를 세밀하게 분석해준다.

모두가 똑같은 것을 배우는 것보다, 이렇게 자신에게 맞는 내용으로 학습하는 쪽이 학력 향상에 훨씬 도움이 된다. 학생 한 사람 한 사람에게 가정교사를 붙여줄 자원은 없으니 AI 교사를 도입해야 한다. 세계 정상급 교사의 강의 콘텐츠 송출과 AI 교사를 활용한 개별 지도. 이 조합으로 가르치면 학력 면에서 훨씬 질 높은 교육을 할 수 있다.

수업 이외의 문제는 학급에 티칭 어시스턴트(TA)를 한 명 두어 돌보게 하면 된다. 진로 상담, 집단 괴롭힘 문제, 재난 시 대피 유도 등은 사람이 아니면 할 수 없기 때문이다.

단, 잡무 중에서 사무적인 일은 AI로 효율화할 수 있고, 학부모 응대는 AI 챗봇에 맡기는 것도 가능하다. AI를 활용하면 수업 외적인 부분도 졸업생 아르바이트생 정도로 충분히 감당할 수 있다. 어쨌든 기존 개념의 선생님은 필요 없다.

학습지도요령은 백해무익하다

반면 AI 시대 교육에서 오히려 부족한 것이 있다. 바로 '학습지도요령 범위 밖'의 일이다. 일본의 학습지도요령은 전후에 만들어져 약 80년에 걸쳐 개정되었지만, '공업화 사회'를 전제로 한 기본 틀은 오늘날까지 그대로다. 공업화 사회에는 정답이 있다. 그것을 얼마나 빠르게, 대량으로, 값싸게 해낼 수 있느냐가 승부였다. 그 시절에는 스스로 생각하는 것이 아니라 정답을 외워 반복하는 교육이 성공을 안겨주었다.

하지만 AI 사회에서는 누구나 즉시 정답을 얻을 수 있다. 내 손자는 가족이 모두 모여 저녁 식사를 할 때 스마트폰을 만지작거리며 "할아버지, 그거 틀렸어"라고 바로 지적한다. 태어날 때부터 스마트폰을 접한 아이들은 검색을 통해 어렵지 않게 어른과 같은 대답에 도달한다.

그런 시대에 단순한 '정답'은 가치가 없다. 정답을 암기하는 학습지도요령도 당연히 시대착오적이다.

AI 사회에서 가치를 갖는 것은 AI가 내놓을 수 없는 구상과 콘셉트를 디자인하는 힘이다. 나는 이것을 "0에서 1을 낳는다"라고 표현하고, 그런 제목의 책《0에서 1'을 낳는 발상의 기술(0から1の発想術)》을 출간하기도 했다. 새로운 것을 만들어내야 하는데, 정답 외에는 'X(오답)'를 매기는 교육을 하면 아이는 "틀린 말을 하면 안 되는구나"라고 생각하게 되어 위축된다. 지금의 학습지도요령은 백해무익할 뿐이다.

부모는 아이에게 정답이 아닌 체험을 말해주어야 한다
사실 지금 세계 무대에서 활약하는 일본인은 모두 학습지도요령 범위 밖에서 자란 사람들이다. 애니메이션이나 게임 크리에이터, 스케이트보드 메달리스트, 세계적인 음악가가 그렇다. 미슐랭 스타가 세계에서 가장 많은 곳은 도쿄지만, 요리사들 역시 학습지도요령 범위 밖에서 솜씨를 연마해왔다. 이들은 정답이 정해지지 않은 세계에서 새로운 것을 추구해왔기에 AI 사회에서도 앞서나가는 것이다.

정답이 없는 세상의 질문에는 학습지도요령이나 AI로는 대응할 수 없다. 그래서 중요한 것이 부모의 교육이다. 부모는 아이가 무엇을 물어도 바로 정답을 알려주지 말아야 한다. 우선 AI에게 물어보고 기존 정답을 같이 찾아본다. 그리고 그 정답에 대해 함께 생각한다. 즉, 가르치는 '티처(Teacher)'가 아니라 의견을 이끌어내는 '퍼실리테이터(Facilitator)'로서 아이가 스스로 생각할 수 있도록 유도해야 한다.

그런데 일반적인 부모들은 "학교에서 가르쳐주는 대로 잘 따라야 한다"라며 자녀들을 학습지도요령의 틀 안으로 밀어넣으려 한다. 그래서는 21세기를 살아갈 능력을 갖출 수 없다.

또한 부모는 도덕이나 사회의 규칙을 가르쳐야 한다. 가정과 사회에 대해 어떤 책임을 져야 하는지를 가르쳐야 한다. 이것도 학습지도요령에는 없는 영역이다.

사회에 관해서는 학교에서도 가르치는 편이 좋다. 다만 교사가 정답을 제시하는 것이 아니라, 실사회에서 일하는 사람들을 불러 경험을 듣게 하는 방식이 좋다.

예를 들어 아이 6명을 키운 엄마가 와서 육아에 대해 이야기할 수 있다. 또는 프로그래머가 작업 내용과 코딩에 대해 이야기해줄 수도 있다. 이런 식으로 실제 사회의 현실적인 상황을 배우고, 거기서부터 자신이 사회에서 어떻게 살 것인가를 생각하게 하는 것이다.

나아가 사회인은 한 달에 한 번씩은 일을 쉬고 자신이 가진 살아있는 지식이나 경험을 아이들에게 가르쳐야 한다. 학교를 졸업하고 끝이 아니라, 교육 현장에 계속 참여해야 커뮤니티가 강해진다.

정답이 있는 일본의 교육을 개혁해야 하는 이유

그런데 이런 개혁을 싫어하는 것이 문부과학성과 전일본교직원조합이다. 문부과학성은 현장에서 학습지도요령을 지키게 하는 데 심혈을 기울이고 있어, 학습지도요령 범위 밖의 내용을 가르치는 민간인을 영입하지 않으려 한다.

한편 교직원조합은 교원 노동조합이기 때문에 실업으로 이어질 수 있는 일에는 무조건 저항한다. 학교라는 직장에 민간인이 들어오는 것은 물론이고, 교원 면허가 없는 사회인을 교원으로 채용하는 '특별 면허' 활용에도 신중한 입장이다.

영어 교육도 영어가 모국어인 나라의 선생님에게 배우는

것이 가장 좋지만, 이들은 일본에서 정식 교원으로 인정받지 못한다. 영어 교육이 개혁되지 않기 때문에 일본인들은 언제까지나 영어가 서투르다.

마찬가지로 AI 활용도 본래는 업무 합리화를 위해 당연히 필요한 것이지만, "교원이 사라져도 된다"는 쪽으로 논의가 이어지면 교직원조합은 맹렬히 반대할 것이다.

일본 교육은 대변혁이 필요하지만 교직원조합의 저항이 문제다. 자민당은 쌀 부족 사태를 계기로 농협 중심의 유통 구조에 메스를 들이댔는데, 교원 부족 현상 역시 좋은 기회로 삼아 교직원조합 문제에도 착수하기 바란다. 기득권을 깨지 않으면 일본의 교육 개혁은 한 걸음도 나아갈 수 없다. 21세기에 전 세계에서 활약할 수 있는 인재는 지금의 문부과학성 체제 아래서는 태어나지 않는다.

결론

교원 부족은 위기가 아니라 AI 시대에 맞는 개혁을 단행할 수 있는 절호의 기회다. 세계적인 수업 송출과 AI 개별 지도로 학습의 질을 높이는 한편, 문부과학성의 학습지도요령에 구속받지 않고 아이의 창조력과 주체성을 신장시키는 교육 개혁을 대담하게 추진해야 한다.

용어

AI 교사

인공지능이 교사의 역할을 보완·대체하는 교육 모델. 학생 개개인의 학습 이력과 이해도를 분석해 최적의 교재나 과제를 제시한다. 수업 진행이나 평가도 자동화해 학습자에게 맞는 1대 1 개별 지도를 가능하게 함으로써, 교육의 질을 상향 평준화하면서 창조적 배움을 지원한다.

인공지능 챗봇

인공지능을 활용해 인간과 자연스러운 대화를 나누는 프로그램. 텍스트나 음성을 이해하고 질문에 대한 답변, 안내, 상담 대응 등을 자동으로 수행한다. 고객 지원, 교육, 의료, 마케팅 등 폭넓은 분야에서 활용되고 있으며, 24시간 가동 및 방대한 데이터 처리를 통해 업무 효율화와 이용자 만족도 향상에 기여하고 있다.

학습지도요령

문부과학성이 제정하는, 전국의 초·중·고교에서 사용하는 교육 과정의 기준. 각 교과의 목표와 내용, 수업 시수를 정해 전국적으로 교육 수준을 균일화하는 역할을 맡는다. 동시에 사회 변화에 따라 개정되어 학력의 기반 형성뿐만 아니라 사고력, 표현력, 주체적인 배움을 중시하는 방향으로 진화하고 있다.

준. 각 교과의 목표와 내용, 수업 시수를 정해 전국적으로 교육 수준을 균일화하

라 사고력, 표현력, 주체적인 배움을 중시하는 방향으로 진화하고 있다.

9장

'원전 재가동'은 끝이 아니라 시작일 뿐, 일본이 안고 있는 구조적 과제는 무엇인가?

오나가와 원전 2호기가 14년 만에 재가동되었다. 안전 대책은 마련되었지만, 정부의 위기 대응 조직은 여전히 부재 상태이고 인력 부족도 심각하다. 원전은 탈석탄의 열쇠이자 수출 산업으로서 성장이 기대되는 한편, 일본은 원자력 발전을 어떻게 운용해야 할까?

논점

1. 왜 일본 정부는 원전 사고에 대응할 위기 대응 조직을 정비하지 못하고 있는가?
2. 원전 재가동은 '석탄 의존' 탈피에 어떻게 공헌하는가?
3. 향후 폐로(廢爐)와 수출 수요에 대응할 원자력 인재를 어떻게 확보해야 하는가?

용어

오나가와 원자력 발전소, BWR, 데브리

14년 만에 재가동한 오나가와 원전 2호기

2024년 11월 15일, 도호쿠전력의 오나가와 원자력 발전소 2호기가 발전을 재개했다. 일말의 불안감은 있지만, 이번 재가동은 높이 평가하고 싶다. 단, '조건부'다.

오나가와 원전 2호기는 동일본 대지진 당시 정기 검사 후 원자로 기동 작업 중이었기에 얼마 전까지 '냉온 정지' 상태였다. 같은 태평양 연안에 위치한 도쿄전력의 후쿠시마 제1 원자력 발전소는 지진으로 외부 전원이 끊겨 비상용 발전으로 전환했으나, 수냉식 디젤 발전기가 지하에 있어 쓰나미로 침수되면서 사고로 이어졌다.

반면 오나가와에도 최대 약 13m의 쓰나미가 덮쳤지만, 오나가와 원전은 외부 전원이 무사했고 해발 14.8m의 고지대에 위치해 있어 쓰나미에 의한 침수라는 최악의 사태를 간신히 면했다.

그 후 도호쿠전력은 새로운 규제 기준에 맞춰 해발 29m의 방조제를 설치했다. 2020년 2월에는 원자력규제위원회가 원자로 설치 변경을 허가했다. 지진 재해 전 정기 검사 기간을 포함하면 약 14년 만의 재가동이다.

동일본 대지진의 진동과 쓰나미를 견뎌냈고 그 후의 안전 대책까지 고려하면, 설비 면에서의 안전은 거의 문제가 없다. 굳이 불안한 점을 꼽자면 '14년 만의 재가동'이라는 점이다.

　원전은 1기로 약 100만~200만 가구에 전력을 공급하는 거대한 시스템이다. 이런 설비를 오랫동안 세워뒀다가 갑자기 가동하면 예상치 못한 문제가 발생할 가능성이 크다. 오랫동안 방치한 자동차를 다시 움직이는 것과 같아 어딘가에 오류가 발생해도 이상하지 않다. 새로운 규제 기준에서 안전성이 확인되었다고 해도 절대로 문제가 없다고 단언할 수는 없다. 따라서 어떤 문제가 발생할 경우를 가정해, 조금이라도 불안하다면 즉시 가동을 중지한다는 방침으로 운용해야 한다.

'원전 사고' 컨트롤 타워가 없다: 정부의 직무 유기

　가장 큰 과제는 사고가 발생했을 경우 정부의 조직적인 대응이다. 사실 일본 정부에는 원자력 사고가 발생했을 때 충분히 대응할 수 있는 조직이 없다. 주민 피난 등 지방자치단체 차원에서는 대응할 수 없는 문제가 많기 때문에, 하루빨리 정부 차원의 위기 대응 조직을 두어야 한다.

　나는 이전에 원전 재가동 조건으로 총리 관저에 대응 조직을 설치할 것을 제안했지만, 상당수 정치인이 난색을 표했다. "사고 발생 시 대응 조직을 만든다"라고 하면, "원전은 100% 안전한 것 아니었나?", "재수 없게 불길한 소리 하지 마라"라며 안전 신화를 맹신하는 유권자들로부터 반발을 사기 때문이다.

그런 상황에서도 움직여준 사람이 현재는 은퇴한 자민당의 오시마 다다모리 의원이었다. 그러나 공교롭게도 오시마 의원은 중의원 의장이 되면서 더 이상 움직일 수 없게 되었다. 뒤를 이어줄 만한 의원도 있었으나, 원전이 있는 지역구가 선거구였던 탓에 낙선하고 말았다. 그 후 대응 조직 설치 이야기는 자취를 감췄다.

지금이라도 늦지 않았다. 오나가와 원전 2호기 재가동이 안전하다고 해도, 만일의 사태에 대비해 위기 대응 조직을 총리 관저에 반드시 설치해야 한다.

오나가와 재가동, '탈석탄'을 향한 획기적 첫걸음

불안이 완전히 해소된 것도 아닌데 이번 원전 재가동에 반대하지 않는 이유는, 국내 전력 공급의 대부분이 화석 연료에 의한 화력 발전에 의존하고 있기 때문이다.

일본 국내 전력 구성 중 화력 발전 비중은 약 70%를 차지한다. 그중에서도 이산화탄소 배출 문제가 심각한 석탄 화력 비중은 약 30%나 된다. 탄소 중립이 전 세계적 과제인 요즘, 선진국 중에서도 일본의 화력 발전 의존도는 매우 높다.

재생 가능 에너지 보급도 일본 국토 여건상 한계가 있다. 사막이 펼쳐진 나라처럼 태양광 패널을 대규모로 설치할 수도 없고, 해상 풍력도 바다가 완만하게 얕고 일정한 바람이 부는 유럽 북해만큼 효율적으로 발전할 수 없다. 현 상태에서 석탄을 대체할 수 있는 현실적 대안은 원자력밖에 없다.

그럼 현재 원전 가동 상황은 어떠한가? 일본 국내에는 건설 중인 것을 포함해 총 60기의 원자력 발전소가 있다. 그중 24기는 폐지가 결정되어 가동 가능한 원자로는 33기다. 그중 실제로 가동되고 있는 것은 오나가와를 포함해 13기에 불과하다.

석탄 화력 대체를 진행하려면 원자력 발전의 추가 재가동이 필수적이다. 그런 의미에서 이번 오나가와 원전 2호기 재가동은 획기적이다. 오나가와 원전 2호기의 원자로가 비등수형 경수로(BWR)라는 점도 긍정적이다. 후쿠시마 제1 원전의 원자로도 BWR 방식이었는데, 지진 재해 후 BWR 원전은 단 한 기도 재가동되지 못했었다. 노후화된 오나가와 2호기가 아무 문제 없이 가동된다면, 같은 BWR 방식인 주고쿠전력 시마네 원전 2호기나, 개량형인 ABWR 방식의 도쿄전력 가시와자키카리와 원전 6, 7호기의 재가동도 탄력을 받을 수 있다.

원전은 성장 산업이며 주목받는 수출산업이다

오나가와 원전 2호기 재가동으로 일본의 원전 재가동에 속도가 붙을 것은 틀림없다. 그러나 마냥 기뻐할 수만은 없다. 중장기적으로 '원전 인력 부족'이라는 커다란 암초가 기다리고 있기 때문이다.

사실 원자력 발전은 여전히 성장 산업이다. 우선 국내에서는 폐로 작업이 줄을 잇게 된다. 폐로가 되면 인력이 필요 없다고 생각하는 것은 큰 착각이다. 멜트다운(melt down. 역주: 원자로의 핵연료가 녹아 원자로 격납 용기 전체가 파괴되는 원자로 사고)을 일으키지 않은 정상적인 원자로라도, 연료를 빼내고 방사능 영향이 사라질 때까지 기다렸다가 모두 해체해 완전한 빈 땅으로 만들기까지 약 60년이 걸린다. 이제 막 폐로가 결정되었을 뿐인데 대상 원전이 국내에 24기나 있다. 일손이 아무리 많아도 모자랄 지경이다.

덧붙여 멜트다운을 일으킨 후쿠시마 제1 원전에서는 2024년 11월, 사고 후 처음으로 데브리(핵연료 잔해) 회수가 이루어졌다. 데브리의 총량은 추정 880톤인데, 이번에 꺼낸 것은 크기 5mm, 무게 몇 그램에 불과하다. 스리마일섬(Three Mile Island. 역주: 미국 펜실베이니아 주 서스퀘해나 강에 있는 섬으로 1979년 3월 이곳 원자력 발전소에서 사고가 있었음)이나 체르노빌 등 사고가 발생한 원전에서 데브리를 모두 꺼낸 사례는 전무하다. 필자의 개인적 의견으로는 후쿠시마 제1 원전의 데브리를 꺼내는 일을 중단하고, 국가가 해당 토지를 매입해 그 자리에 데브리를 영구 보존(석관 등)해야 한다고 본다.

한편 원자력 발전은 수출 산업으로서도 성장 가능성이

있다. 지금 세계는 비교적 안전성이 높은 '소형 모듈 원자로 (SMR)'에 주목하고 있다. 구글은 미국 카이로스 파워사가 개발하는 SMR로부터 전력을 구매할 계획을 발표했고, 아마존도 SMR 개발사에 투자하기로 했다. AI 시대가 도래하며 데이터센터 전력 수요가 폭증하고 전력 부족이 심각해지고 있다. 미국의 빅테크 기업들은 이를 내다보고 SMR에 기대를 걸고 있다.

일본 국내에서 현재 건설 중인 대형 원자로를 완성하는 것은 정치적으로 어렵지만, 작은 부지에 단기간 건설할 수 있는 SMR이라면 신규라도 충분히 가능성이 있다. 5~6기를 지어 안전하고 효율적인 운용 실적을 쌓으면 수출 산업으로도 육성할 수 있다.

원자력을 운용할 수 있는 우수한 인력이 부족하다

문제는 역시 인력 부족이다. 나는 1970년 MIT 원자력공학과에서 박사 학위를 받았다. 당시 동급생이 130명이나 있었다. 그 후 내가 MIT 임원을 맡았을 때, 스리마일섬 원전 사고의 여파로 학생 수는 26명까지 급감했다. 게다가 미국인 학생은 'O명'이었다. 사고 후 원자력을 공부한다는 것만으로도 기피 대상이 되었기 때문이다.

나는 이사회로부터 "원자력공학과를 폐지하라"는 지시

를 받았지만, 모교 학과를 없애는 것은 참을 수 없는 일이라 'GREEN 공학과(환경공학과)'로 명칭을 바꿔 존속시켰다. 원전을 폐로해 자연으로 되돌리는 작업이야말로 환경공학이며, 앞으로도 교육이 필요한 분야라고 설득했다. 하지만 인기를 회복시키기엔 역부족이었다.

일본도 마찬가지다. 이제 원자력 연구를 지망하는 학생은 격감했다. 앞으로 신규 수요가 늘지 않더라도 폐로 작업 수요는 만만치 않을 것이다.

얼마 남지 않은 원자력 기술자를 한곳으로 모으는 '집약 장치'도 필요하다. 오키나와전력을 제외한 9개 전력회사는 각자 원자력 발전소를 보유하고 있다.

그러나 비교적 우수한 인재를 갖추고 있어야 할 도쿄전력조차 미덥지 못한 직원이 많다. 원자력 관련 사원은 많지만, 대부분은 설비를 운영하는 '오퍼레이터'이지 설계하고 문제를 해결하는 '엔지니어'가 아니다. 개중 우수한 기술자도 있었지만, 그들은 엔지니어이기 이전에 도쿄전력의 사원으로서 과학적 진리 추구보다 회사의 사정을 우선시했다.

도쿄전력조차 그 수준이다. 그나마 대화가 통하는 곳은 간사이전력과 주부전력 정도다. 어느 지방 전력회사의 의뢰를 받아 안전성 논의를 했을 때, 원전 담당 임원은 내 질문에 아무런 대답도 못 하고 "담당자를 불러오겠습니다"라며 부하 직원에게 떠넘겼다. 그러나 불러온 실무자 역시 제대로 된 답변을 하지 못했다. 그런 수준의 인력이 원전을 운용하고 있는 것이다.

MIT 시절 수업이 생각난다. 훈련용 원자로에서 제어봉을 뽑는 실습을 할 때, 핵분열 연쇄 반응이 시작되면 가이거 계수기(방사선 측정기)가 굉음을 울리도록 설정되어 있었다. 그 소리가 얼마나 끔찍하게 격렬한지, 훈련받던 학생 3명 중 1명은 그 자리에서 기절했다.

사실 스리마일섬 사고는 경보음 때문에 패닉에 빠진 오퍼레이터의 실수로 발생했다. 손을 떼면 자동으로 멈추도록 설계되어 있는데, 무슨 이유에서인지 수동으로 전환해버린 것이다. 게다가 그 치명적 실수를 두 번이나 반복했다. 나름 훈련받았다는 오퍼레이터도 극한 상황에서는 이 모양이다.

가뜩이나 우수한 인력이 부족한데, 전력회사마다 인력이 흩어져 있는 상황은 더욱 위험하다. 원전 운용은 별도 공사로 일원화하고 만일의 경우 우수한 팀이 전국 어디든 달려갈 수 있도록 해야 한다. 민간 기업도 현재 미쓰비시 중공업, 도시바, 히타치 3사의 원전 부문을 통합해 공사를 만들어야 한다. 운용 면에서뿐만 아니라 수출 산업으로 육성하기 위해서도 한 회사로 집약시키는 것이 유리하다.

설계 면에서 원자력 발전의 안전성은 어느 정도 담보되고 있다. 단, 정부의 위기 대응 조직 부재나 전력회사의 인재 부족 등 '조직 체제' 면에서 큰 불안이 남는다. 원전과 공존하기 위해서라도 정부의 조속한 개선을 촉구한다.

결론

　오나가와 원전 재가동은 석탄 의존 탈피를 위한 중요한 첫걸음이지만, 정부의 위기관리 체제 부재와 인재 부족은 성장 산업으로서의 원자력 발전에 족쇄가 되고 있다. 폐로에서 수출까지 방대한 미래 수요가 예상되는 가운데, 체제 정비와 인재 집약을 추진하는 것이야말로 일본의 경쟁력을 유지하는 필수 조건이다.

용어

오나가와 원자력 발전소

　미야기현 오나가와초와 이시노마키시에 걸쳐 있는 도호쿠전력의 원자력 발전소로, 비등수형 경수로(BWR) 3기를 보유하고 있다. 견고한 기반암 위에 건설되어 내진성과 안전성이 뛰어나다. 2011년 동일본 대지진 당시 진원지와 가장 가까웠음에도 원자로가 자동 정지하고 별다른 피해를 입지 않아 국제적으로 '기적의 원전'으로 주목받았다. 이후 폐로가 된 1호기를 제외하고 해발 29m 방조제 건설 등 안전 대책을 강화했다. 2024년 11월, BWR 원정 가운데 처음으로 2호기가 신규제 기준을 통과하며 재가동되어 영업 운전을 재개했다.

BWR(비등수형 경수로)

　Boiling Water Reactor의 약칭. 경수로의 일종으로 일본과 미국에서 널리 채택되었다. 원자로 압력 용기 내에서 핵분열 반응으로 물을 직접 끓이고, 이때 발생한 증기로 터빈을 돌려 발전하는 구조다. 가압수형 경수로(PWR)에 비해 구조가 단순하고 열효율이 좋다는 장점이 있지만, 방사성 물질이 포함된 증기가 터빈 계통으로 직접 들어가기 때문에 설비의 차폐와 유지 보수에 고도의 안전 관리가 요구된다. 일본에서는 오나가와, 가시와자키카리와 등에서 도입되었으며, 신규제 기준에 맞춰 안전성을 대폭 강화하고 있다.

데브리(Debris)

원자력 발전소에서 멜트다운(노심 용융) 사고가 발생했을 때 핵연료, 피복관, 제어봉, 원자로 내 구조물 등이 고온에서 녹아 엉겨 붙은 뒤 굳어 형성되는 고준위 방사성 폐기물. '핵연료 잔해'라고도 한다. 강한 방사선과 고열을 방출하며 성분과 형상이 불규칙해 위치 파악과 제거가 매우 어렵다. 특히 후쿠시마 제1 원전 사고에서는 노심(爐心. 역주: 원자로에서 핵분열 연쇄 반응이 행해지는 곳) 대부분이 데브리화되어 격납 용기 바닥에 쌓여 있었다. 폐로 작업의 최대 과제는 이 데브리의 상태를 정확히 파악하고 안전하게 꺼내는 기술을 확보하는 데 있으며, 원격 로봇 등 첨단 기술 개발이 계속되고 있다.

10장

시스템 장애가 끊이지 않는 일본, 왜 디지털 후진국으로 전락했는가?

고속도로 ETC 장애, 은행 시스템 마비 등 일본 사회 인프라의 비효율성이 잇따라 드러나고 있다. 그 배경에는 행정과 기업이 시스템을 공급업체에 통째로 떠넘기는 무책임한 구조가 자리 잡고 있다. 일본은 왜 근본적인 개혁에 나서지 못하는 것일까?

논점

1. 기업과 행정의 시스템 장애는 왜 고질적으로 반복되는가?
2. 비효율적인 사회 인프라 개혁이 이루어지지 않는 근본 원인은 무엇인가?
3. 일본의 관료와 정치인에게 결정적으로 부족한 '능력'은 무엇인가?

용어

시스템 트러블, 아드하르(Aadhaar), 마이넘버 제도

몇 번이나 미뤄진 고속도로 무료화

2025년 4월 6일 새벽, 중일본고속도로(NEXCO중일본, 구 일본도로공단) 관할 지역에서 ETC(자동요금징수시스템) 장애가 발생했다. 그 영향은 도쿄를 비롯해 아이치 등 8개 지역으로 광범위하게 퍼졌다. 이번 혼란은 고속도로만의 문제가 아니다. 일본 사회가 안고 있는 거대한 과제의 빙산의 일각일 뿐이다.

ETC 장애가 발생한 것은 4월 6일 0시 30분경이었다. 일부 요금소에서 요금 처리가 되지 않아 차단기가 열리지 않았고, NEXCO중일본은 차량을 일반 차선으로 유도해 인력으로 요금을 징수했다. 하지만 고속도로 요금소는 이미 ETC 전용화가 진행되어 일반 차선과 징수 인원을 대폭 줄인 상태였기에 극심한 혼란이 빚어지는 것은 당연했다.

ETC 차선의 차단기를 계속 열어두는 조치를 시작한 것은 다음 날인 7일 13시 30분경이었고, 최종적으로 시스템이 복구된 것은 8일 14시였다. 장애 발생 후 무려 38시간이 지난 뒤였다. 대응이 이토록 늦어진 이유는 NEXCO중일본 경영진이 애초에 ETC 시스템의 '사고' 자체를 상정하지 않았기 때문이다.

ETC 장애로 이용자에게 막대한 불편을 끼쳤다면, 즉시 차단기를 올려 무료로 통행하게 하는 것이 이치에 맞다. 그러나 NEXCO중일본은 나중에 웹 정산을 하라고 요구하고 있다.

원래 고속도로가 유료인 것 자체가 이상하다. 일본 고속도로는 전후 건설 당시 '약 20년 동안만 유료로 운영해 건설비를 회수하고 이후에는 무료화한다'는 약속하에 시작되었다. 당초 계획대로라면 지금쯤 벌써 무료가 되었어야 했다.

그러나 이후 정치인들이 "우리 지역에도 고속도로를 놔달라"고 요구하면서 신설 공사가 끊이지 않았고, 불어나는 건설 비용 때문에 무료화 약속은 차일피일 미뤄져왔다.

그렇게 비대해진 일본도로공단은 '제2의 국철'이 될 것이라는 우려 속에 2005년 고이즈미 준이치로 내각 주도로 분할·민영화되었다. 그 결과 NEXCO중일본, NEXCO동일본 등 6개 사가 탄생했지만, 우정 민영화와 마찬가지로 민간 간판만 달았을 뿐 경영의 근본적인 개혁은 이루어지지 않았다.

중일본 고속도로의 혼란은 필연적으로 발생한 것이다

이번 NEXCO중일본 사태뿐만이 아니다. 일본 기업이나 행정 시스템에서는 문제가 끊이지 않는다. 그 뿌리에는 경영진이 시스템을 제대로 이해하지 못한 채, 공급업체(벤더)에 구축과 운용을 '통째로 맡기는(마루나게)' 관행이 있다.

공급업체에 시스템을 발주하면, 국내 공급업체는 중간에 고객이 다른 경쟁사로 갈아타지 못하도록 독자적인 규격으로 시스템을 구축하기 시작한다. 이를 '벤더 록인'이라 한다. 공을 들일수록 시스템은 복잡해지고, 문제가 발생했을 때 원인 규명이나 복구에 엄청난 시간이 걸린다.

대표적인 예가 툭하면 장애를 일으키는 미즈호은행이다. 미즈호은행은 일본흥업은행, 다이이치권업은행, 후지은행 등 3개 은행이 합병해 탄생했다. 그런데 일본흥업은행 시스템은 히타치, 다이이치권업은행은 후지쓰, 후지은행은 IBM이 담당하고 있었다. 2002년 통합 당시 미즈호은행은 각 공급업체 시스템을 남겨둔 채 통합하기로 결정하고, 총괄 담당으로 NTT데이터를 선정했다.

그러나 서로 다른 언어와 구조로 만들어진 복잡한 시스템을 억지로 통합해 운용하는 것은 쉬운 일이 아니다. 그래서 미즈호은행 시스템은 비효율적이고 불안정해졌으며, 수차례 대규모 장애를 반복하고 있는 것이다.

정부가 무리하게 보급을 시도해 문제투성이가 된 '마이넘버 제도'도 마찬가지다. 마이넘버는 모든 국민에게 12자리 번호를 부여하고 주민 정보 등을 데이터베이스로 관리하는 제도다. 하지만 주민표를 작성하고 관리하는 주체는 각 지자체이며, 전국 1,718개 지자체가 각각 다른 공급업체와 계약해 제각각 시스템을 구축했다.

주민 데이터베이스는 하나의 통합 시스템으로 운용할 수 있으므로, 굳이 1,718개나 되는 별도 시스템을 개발할 필요가 없다. 국가가 주도해 단일 시스템을 정하고 클라우드 서버에서 제공하면 된다. 지방의 독자적인 행정 서비스가 필요하다면 그 위에 옵션 메뉴를 추가하면 될 일이다.

14억 명이라는 세계 최대 인구를 가진 인도는 2009년부터 국민에게 12자리 번호를 부여한 '아드하르(Aadhaar)' 시스템을 구축했는데, 이는 국가 주도의 '톱다운(Top-down)' 방식으로 진행되었다. 이 시스템 개발을 주도한 것은 나도 과거 합작 사업을 함께한 경험이 있는 난단 닐레카니(Nandan Nilekani)다. 그는 세계적 IT 기업 인포시스(Infosys)의 공동 창업자이자 2대 CEO를 역임한 인물이다.

덧붙여 '아드하르'는 일본 NEC의 생체 인증 기술을 채용했다. 지문과 양쪽 홍채 정보를 등록한 생체 인증 시스템 덕분에 일본처럼 복잡한 비밀번호를 외울 필요도 없고, 5년마다 관공서에 가서 전자증명서를 갱신할 필요도 없다. 제3자에게 도용될 위험도 낮다.

인도라는 훌륭한 성공 사례가 있음에도, 인도보다 늦게 마이넘버를 시작한 일본은 정반대의 길을 걸었다. 국가는 지자체에 모든 것을 떠넘기고, 지자체는 공급업체에 모든 것을 떠넘겼다. 그리고 각 공급업체는 앞서 설명한 대로 타사로 교체하기 어려운 복잡한 독자 시스템을 개발했다.

그 결과 이사 등으로 주민등록을 옮길 때 스마트폰으로 처리가 안 되어 반드시 관공서를 찾아가야 한다. 건강보험증이나 운전면허증과의 통합 과정에서도 오류가 속출하고 있다. 앞으로 연금이나 여권 업무에 응용할 때도 난관이 예상된다. 인도도 도입한 생체 인증 기술을 적용하지 않는 등 자국 기업(NEC)의 뛰어난 기술조차 활용하지 못한다는 것은 도저히 이해하기 어려운 일이다.

'이권'만 남고 '역할'은 사라진 농협의 기형적 구조

NEXCO중일본 문제와 유사한 구조적 병폐가 존재하는 곳이 바로 농협(JA)이다. 쌀값 폭등 등 산적한 문제의 중심에 농협이 있다.

여러 번 언급했듯이 태평양전쟁 직후 일본 인구의 절반 가까이는 농가였다. 그 시절에는 농작물을 일괄 수매해 유통했고, 농기구나 금융을 지원하기 위해서는 농협이라는 거대 조직이 필요했다.

하지만 이제 농가 인구는 2023년 기준 116만 4,000명으로 전체 인구의 약 1%에 불과하다. 게다가 남은 농가들도 농협의 헐값 수매를 피해 인터넷이나 휴게소 직판을 택하는 경우가 늘고 있다. 농협의 역할은 줄어드는데 조직은 여전히 비대하다. 전국 곳곳에 농협 지점이 있고 직원은 약 17만 명에 달한다.

농협은 대출, 휘발유, 보험, 예금 등에서 혜택을 제공하는데, 전체 조합원 1,021만여 명 중 636만여 명이 농사를 짓지 않는 '준조합원'이다. 이제는 누구를 위한 조직인지 정체성조차 모호해졌다. 전국 496개 농협의 조직 개편은 지지부진하기만 하다.

선진국 농업은 집약화를 통해 세계 시장에서 경쟁력을 키우고 있지만, 일본은 쌀 생산을 줄이는 '감반 정책'과 논을 정비하는 '포장 정비' 사업을 동시에 진행하는 등 예산을 지리멸렬하게 낭비해왔다. 그 결과가 바로 이번 쌀값 폭등이다.

어업 분야도 지역마다 이권화되어 개혁이 멈춰 있다. 어업 종사자는 2022년 12만 3,100명까지 줄었지만, 수협(어업협동조합) 수는 864개로 종사자 감소 폭에 비해 거의 줄지 않았다.

주목할 점은 어항의 수다. 지난 10년 새 어선 수는 약 3분의 2로 줄었는데 어항 수는 거의 제자리걸음으로, 지금도 전국에 2,774개나 존재한다. 거의 사용되지 않는 어항에도 매년 수리비가 지급되고 있다. 그 재원은 물론 세금이다. 어획고보다 항만 유지 보수비가 더 많이 들어가는 '적자 어항'이 전체의 약 90%에 달한다.

조직이 분할되어 비효율적인 일본의 사회 인프라

사회 인프라 조직이 과도하게 분할되어 있는 것도 비효율의 주범이다. 예를 들어 하수도나 쓰레기 수거 등은 시읍면(기초지자체) 단위로 운영되어 규모가 너무 영세하다. 지진 피해를 입은 노토 지역 등에서는 마을 단위로 상하수도를 관리하다 보니 복구에 막대한 어려움을 겪었다.

전력 회사는 전시 중에는 '일본발송전'으로 통합되어 있었으나, 전후 9개 전력 회사로 분할되었다. 9개 회사가 각각 원자력 발전소를 보유하고 있지만, 후쿠시마 원전 사고 이후 기술자 부족 현상이 심화되면서, 과연 또 다른 사고 발생 시 제대로 대처할 수 있을지 우려되는 회사도 있다.

전기 주파수의 경우 시즈오카현 후지카와와 니가타현 이토이가와를 경계로 동쪽은 50Hz, 서쪽은 60Hz로 나뉘어 있어, 재해 시 동서 간 전력 융통이 어렵다. 기술적으로는 히타치제작소가 스위스 ABB로부터 약 1조 엔에 인수한 고압 직류 송전(HVDC) 기술이 해법이 될 수 있다. 이 기술을 이용하면 장거리 송전 손실을 줄이고 주파수가 다른 지역 간에도 전력을 보낼 수 있어, 일본 전국을 관통하는 고압 송전망 구축이 가능하다. 원전 운용과 송전망 관리는 전국 단위로 단일화하는 편이 낫다.

통신 분야의 NTT도 여전히 동·서로 나뉘어 있다. 일본은 미국의 AT&T 분할을 흉내 내어 일본전신전화공사를 분할했지만, 인터넷 시대에 라우터 너머는 전 세계가 하나로 연결된 시장이다. 스마트폰 시대에는 NTT도코모의 역할이 크지만, NTT에는 민영화 당시 만들어진 'NTT법'이라는 족쇄가 있다. 법 폐지는 소프트뱅크나 KDDI 등 경쟁사들의 반대로 좀처럼 진행되지 못하고 있다.

관료와 정치인에게 결여된 결정적 한 가지: '구상력'

이처럼 '제4의 물결'인 AI와 디지털 혁명 시대에, 밑바닥에서부터 쌓아 올리는 '바텀업(Bottom-up)' 방식이나 지역 단위의 파편화된 조직 운영은 효율성이 너무 떨어진다. 다시 국가 주도의 '톱다운' 방식으로 전환해야 한다. 그리고 전환할 때는 기존 것을 뜯어고치기보다 제로베이스에서 완전히 새로 만드는 편이 빠르다.

인도의 아드하르나 EU(특히 네덜란드)가 보여준 농산물 시스템 고도화 등 해외에서 배울 사례는 많다. 전후 물자 부족 시대에 만들어져 지금은 '농민어민성'으로 전락한 농림수산성을 타파하기 위해, 차라리 관할을 경제산업성으로 옮겨 산업 정책으로 추진하거나, 국민의 '위장성'으로서 세계 최적의 식자재를 소비자에게 전달하겠다는 식의 거대한 '구상력'이 필요하다.

관료나 국회의원에게 가장 부족한 이 ‘구상력’이 채워지지 않는 한, 레이와 쌀 파동, 마이넘버 혼란, ETC 장애 같은 문제는 해결하기 어렵다.

결론

결론

일본이 '디지털 후진국'이라 불리는 이유는 ETC 장애, 마이넘버, 농협, 전력 회사의 비효율성에서 보듯, 행정과 기업에 '구상력'이 결여되어 공급업체에 모든 것을 떠넘기는 체질을 고치지 못했기 때문이다. 해외 성공 사례를 철저히 연구하고 톱다운 방식으로 시스템을 쇄신하지 않으면, 사회적 혼란은 멈추지 않을 것이다.

용어

시스템 문제

기업이나 행정 기관의 정보 시스템이 돌발적으로 정지하거나 오작동을 일으키는 현상. 최근 대형 통신사의 대규모 장애로 수천만 건의 통화·결제가 마비되거나, 금융기관 시스템 오류로 ATM이 장시간 먹통이 된 사례가 대표적이다. 원인은 시스템 노후화, 구조적 복잡화, 인위적 실수, 사이버 공격 등 다양하다. 사회 기반을 뒤흔드는 파급력이 크기에 사전 예방책과 신속한 복구 프로세스 강화가 필수적이다.

아드하르(Aadhaar)

인도 정부가 2009년부터 도입한 세계 최대 규모의 생체 인식 국민 ID 제도. 12자리 고유 식별 번호를 주민에게 부여하며, 지문, 홍채 등 생체 정보와 얼굴 사진을 개인 정보와 연결해 본인 확인을 효율적으로 수행한다. 은행 계좌 개설, 연금 및 보조금 수령, 납세, 휴대전화 개통 등에 광범위하게 활용되어 행정 효율화와 부정

수급 방지에 크게 기여했다. 다만 개인 정보 유출이나 국가 감시 강화에 대한 우려도 있어 프라이버시 보호와의 균형이 과제다.

마이넘버제도

2015년 일본이 도입한 사회보장·조세 번호 제도. 모든 국민에게 12자리 고유 번호를 부여해 '세금', '사회보장', '재해 대책' 3개 분야의 정보를 효율적으로 관리하고 행정 절차 간소화 및 공평 과세를 실현하는 것이 목적이다. 최근 건강보험증, 은행 계좌와의 연동을 추진하며 온라인 행정 서비스 확대를 꾀하고 있으나, 잦은 시스템 오류, 정보 유출 우려, 국민의 이해 부족 등으로 신뢰성 확보와 편의성 제고라는 과제에 직면해 있다.

11장

유례없는 사케 붐, 일본의 사케는 세계를 제패할 수 있을까?

지난 10년간 수출액 4배 성장. 유네스코 무형문화유산 등재. 지금 세계는 일본의 '사케(Sake)'에 열광하고 있다. 열정적인 양조장들의 혁신과 선진적인 해외 진출이 빛을 발하고 있지만, 술을 빚을 쌀 부족과 물류 난관 등 해결해야 할 과제도 만만치 않다. 이 뜨거운 사케 붐은 과연 어디까지 뻗어 나갈 수 있을까?

1. 국내 시장은 축소되는데, 사케 수출은 왜 폭발적으로 성장하는가?
2. 쌀 부족과 '히오치(변질)' 문제 등 공급망의 치명적 약점을 어떻게 극복할 것인가?
3. 사케가 진정한 세계의 술이 되기 위해 넘어야 할 마지막 과제는 무엇인가?

사케, 닷사이(獺祭, Dassai)

'메이드 인 재팬'의 새로운 희망: 10년 만에 4배 성장한 사케

'메이드 인 재팬'이 세계 무대에서 예전 같은 존재감을 잃은 지 오래다. 그러나 그중 수출 산업으로 급성장하며 빛을 발하는 품목이 있으니, 바로 '사케(일본주)'다.

사실 사케의 일본 국내 시장은 계속 축소되고 있다. 하지만 수출은 호조를 보인다. 2024년 일본주 수출 총액은 434.7억 엔으로, 전년 대비 105.8%를 기록했다. 최대 수입국인 중국 경제가 침체된 탓에 최근 2년은 잠시 주춤했지만, 2014년 수출 총액이 115.1억 엔이었던 것과 비교하면 지난 10년 새 4배 가까운 놀라운 성장세를 보였다.

게다가 2024년 12월, 사케를 포함한 '전통주 빚기'가 유네스코 무형문화유산에 등재되면서 세계적인 사케 붐은 더욱 탄력을 받을 전망이다.

최근의 사케 수출 증가는 술을 좋아하는 나로서도 개인적으로 수긍이 가는 부분이 크다. 지난 10년 동안 사케의 수준이 눈에 띄게 향상되고 있음을 실감하기 때문이다.

나는 취미 삼아 전국 방방곡곡의 양조장을 찾아다니는데, 최근 양조장들은 연구에 매우 열성적이다. 예를 들어 '기죠슈(貴釀酒)'라는 종류가 있다. 술을 빚을 때 물 대신 이미 만들어진 술을 사용하는 제조법으로, 단맛이 강하고 농후한 술을 만들어낸다.

　이 제조법 자체는 1970년대에 개발되었지만, 후쿠시마현의 양조장 니이다(仁井田) 본가는 '햐쿠넨기죠슈(백년기죠슈)'라는 이름을 붙이고 앞으로 100년간 계속 만들겠다고 선언해, 현재 14년째 이어오고 있다. 개성적인 맛이라 호불호가 갈리지만, 요즘 사케 업계에서는 이런 과감한 도전을 흔히 볼 수 있다. 기죠슈는 프랑스 요리와의 궁합도 훌륭하다고 소개된 적이 있다.

　양조용 쌀(주조호적미)에 관한 연구도 활발하다. 양조용 쌀이라고 하면 흔히 '야마다니시키(山田錦)'나 '고햐쿠만고쿠(五百万石)'가 유명하지만, 전국 각지에서 새로운 품종이 계속 개발되고 있다. 예를 들어 이시카와현의 '햐쿠만고쿠노시로(백만석의 백)'로 만든 사케는 뒷맛이 깔끔하고 맛있다. 가가와현 마루오 본점의 '요로코비가이진(열개진)'처럼, 쌀의 생산지나 품종에 따라 탱크를 나누어 별도로 빚는 양조장도 있다. 다카마쓰의 '나카가와'라는 초밥집에서는 이 술을 55도로 데워서(아쓰칸) 내어준다. 와인이 포도 품종에 따라 맛이 다르듯, 사케도 쌀과 물의 차이에 따라 다채로운 맛을 즐길 수 있다.

　같은 쌀이라도 정미율(쌀을 깎아내고 남은 비율)에 따라 맛이 달라지는 것도 사케의 묘미다. 현미 그대로는 잡미가 나기 때문에 도정을 하는데, 일반적으로 정미율이 낮을수록(많이 깎을수록) 깔끔한 맛이 나고, 반대로 높을수록 쌀 본연의 풍미가 살아난다. 도정을 많이 하면 할수록 쌀 알갱이는 작아지므로 술의 양은 줄어들고 가격은 비싸진다.

개인적으로 내 취향은 정미율 35% 정도다. 니가타현 '호쿠세쓰슈조(北雪酒造)'의 '호쿠세쓰 다이긴죠 YK35'는 내가 정말 좋아하는 명주 중 하나다. 그 밖에 후쿠이현 '고쿠류슈조(黑龍酒造)'의 '고쿠류 88호', 도야마현 '마스이슈조텐(桝田酒造店)'의 '마스이즈미 준마이다이긴죠 고토부키 플라티나'도 정말 맛있다.

사케의 특징으로 '누룩'도 빼놓을 수 없다. 누룩은 쌀을 발효시키는 핵심 요소로, 독자적인 누룩균을 대대로 계승하며 사용하는 양조장도 많다.

와인은 '테루아(Terroir, 토양과 기후)'가 맛을 결정한다고 한다. 사케 역시 물이 중요하기 때문에 토지의 제약은 받지만, 쌀 품종, 정미율, 독자적인 누룩, 그리고 각 양조장의 고집(철학)에 따라 맛이 천차만별로 달라진다.

달리 말하면 사케는 '연구할 여지'가 무궁무진한 술이다. 그래서 "조금 더 맛있는 술을 만들 수 있지 않을까" 하는 마음으로 열성적으로 연구하는 양조장이 늘고 있다. 그 결과 전체적인 수준이 상향 평준화되는 것이다.

'닷사이'가 사케 붐의 불쏘시개가 될 수 있었던 이유

이처럼 다양한 양조장이 절차탁마하며 사케 맛을 끌어올리고 있는데, 해외 진출이라는 관점에서 보면 야마구치현 아사히주조(2025년 6월부터 사명을 '주식회사 닷사이'로 변경)의 브랜드 '닷사이(獺祭)'의 공헌이 매우 크다.

닷사이는 2018년 프랑스의 전설적인 셰프 조엘 로부숑과 협업한 레스토랑을 파리 8구에 오픈하는 등, 일찍부터 해외 브랜드 구축에 적극적이었다. 2023년에는 뉴욕에 양조장을 신설하고 현지 생산을 시작했다.

닷사이의 특징은 과학적으로 관리하는 철저한 품질 관리법이다. 일반적으로 사케를 빚을 때는 나무통을 사용하지만, 닷사이는 스테인리스 탱크를 사용해 품질을 안정시킨다.

닷사이의 과학적인 제조 방식에 대해 전통을 중시하는 양조장들로부터 비판이 없는 것은 아니다. 하지만 와인으로 치면 이탈리아 토스카나주의 '키안티(Chianti)' 같은 존재다. 고급 와인은 오크통에 숙성시키는 경우가 많지만, 키안티는 주로 스테인리스 탱크로 양조한다. 이 방식을 쓰면 안정적인 품질의 와인을 대량 생산할 수 있고 가격도 합리적이다.

나는 특별한 날에 꼭 키안티를 마시지는 않는다. 그러나 와인 불모지, 예를 들어 러시아나 우크라이나, 혹은 와인의 발상지라 불리는 조지아나 지중해 연안의 그리스 같은 곳의 레스토랑에 갔을 때 메뉴판에 키안티가 있으면 마음이 놓인다. 맛이 극적으로 뛰어날 가능성은 낮지만, 몇 년을 숙성시켰든 일정한 수준 이상의 맛을 보장하기 때문이다.

닷사이도 키안티와 비슷해서 언제 어디서 마셔도 실망하는 법이 없다. 사케가 낯선 외국인들에게 사케의 맛을 처음 알리기에 딱 알맞은 술이며, 그야말로 사케 붐의 불쏘시개로서 제격이다.

해외에서 사케 인기가 높아지고 있지만 와인 등에 비하면 아직 갈 길이 멀다. 닷사이는 앞으로도 선두에서 해외 시장을 개척해야 한다. 동시에, 사케 맛에 눈뜬 상급자들을 위해 각 양조장이 개성 넘치는 술을 제공하며 애호가층을 넓혀가야 한다.

'제조 면허' 규제는 핑계일 뿐, 진짜 문제는 따로 있다

사케의 해외 보급에 과제가 없는 것은 아니다. 자주 지적되는 문제 중 하나가 '제조 면허 규제'다. 사케뿐만 아니라 모든 술은 제조하려면 면허가 필요하다. 맥주, 와인, 위스키, 스피리츠 등은 일정 조건을 충족하면 신규 면허를 딸 수 있다. 그러나 사케는 과당 경쟁 방지를 명목으로 신규 취득을 허용하지 않아왔다. 2021년 수출용 한정으로 신규 취득이 해금되었지만, 오로지 수출만을 위해 사케 공장을 짓는 곳은 드물다.

사실상 약 70년 동안 신규 진입이 봉쇄되어온 것이다.

하지만 제조 면허 규제가 결정적인 문제는 아니다. 면허는 후계자가 없어 고민하는 양조장을 인수(M&A)하면 쉽게 취득할 수 있다.

사케 제조 면허가 가장 많았던 1950년대에는 약 4,000건이었으나, 2023년도에는 1,525건으로 약 40% 수준까지 감소했다. 사케 제조 면허는 현재 '구매자 우위 시장'이다. 실제로 내 주변에는 폐업 직전의 양조장을 인수해, 상을 받을 정도로 훌륭하게 부활시킨 지인들이 몇 명 있다.

와인에는 없는 치명적 약점, '히오치'와 물류 비용

공급 측면의 진짜 과제는 다른 곳에 있다. 첫째는 '쌀 부족'이다. 얼마 전의 '레이와 쌀 파동'과는 별개로, 양조용 쌀인 '야마다니시키' 쟁탈전이 벌어지고 있다. 양조용 쌀은 부족하다고 해서 공산품처럼 즉시 찍어낼 수 있는 것이 아니다. 어렵게 찾아온 사케 붐에 찬물을 끼얹지 않도록 시급히 대책을 마련해야 한다.

또 하나, '물류망 정비'도 매우 중요한 과제다. 사케는 와인과 달리 '히오치(火落)'라는 현상이 발생한다. 히오치는 '히오치균'이라 불리는 유산균의 일종이 번식해 술이 뿌옇게 흐려지고 시큼한 냄새가 나는 변질 현상이다. 일반적으로 제조 과정에서 가열 처리(히이레)를 하지만, 가열하지 않은 생술(나마자케)은 히오치가 발생하기 쉽고, 가열 처리한 술이라도 고온에서 장기간 보관하면 히오치 발생 위험이 커진다. 숙성주를 제외한 대부분의 사케는 저온 저장하고 빨리 마시는 것이 상책이다.

그런데 히오치 현상을 피하기 위해 항공편으로 해외에 보내면 720ml 한 병당 운임이 약 5,000엔이나 든다. 이래서는 배편으로 저렴하게 운송되는 와인과 가격 경쟁이 되지 않는다.

현재로서는 배편으로 운송할 수밖에 없으므로, 이를 전제로 한 '냉장 물류망(Cold Chain)'을 정비해야 한다. 당장은 히오치 현상이 발생하지 않는 소주 등을 함께 팔아 물류 효율을 높이는 것도 방법이다.

사케 열풍이 일시적 유행에 그치지 않고 확산하려면 쌀 부족과 물류 문제가 해결되어야 한다. 정부는 M&A로 우회 가능한 제조 면허 규제보다, 이런 구조적 과제를 해결하는 데 지원을 집중해야 한다.

해외 수출을 확대하려면 음주 방법도 제안해야 한다

한편, 수요 측면에서는 '마시는 방법'을 제안하고 싶다. 외국인들은 무슨 이유에서인지 사케를 따뜻하게 데워(아쓰칸) 마시고 싶어 한다. 그러나 사케 본연의 맛을 음미하려면 상온

(히야)이나 차갑게(레이슈) 마시는 편이 낫다. 해외 미식가들에게 사케의 깊이를 알려주려면 상온이나 냉장 사케 문화를 보급해야 한다.

그 열쇠는 '술기운(술그릇)'에 있다. 외국인이 데운 사케를 좋아하는 이유는 일본 문화를 느낄 수 있는 '돗쿠리(호리병)'에 담겨 나오기 때문인지도 모른다. 상온이나 냉장 사케도 '가타구치(한쪽에 주둥이가 달린 그릇)'라는 운치 있는 용기에 담아낼 수 있지만, 돗쿠리에 비하면 거의 보급되지 않았다.

나는 아리타야키(有田燒)의 명장 14대 이마이즈미 이마에몬의 팬이다. 그에게 가타구치를 주문했더니 "규슈는 아쓰칸(熱燗. 역주: 사케 문화에서 술을 따뜻하게 데워 마시는 전통을 가리키며 그중에서도 약 50℃ 전후로 데운 것) 문화라 돗쿠리밖에 없습니다. 가타구치는 새로 만들어 드릴 테니 기다려 주십시오"라고 했고, 1년 만에야 겨우 손에 넣을 수 있었다. 세트로 쓸 술잔을 받는 데는 반년이 더 걸렸다.

도자기 명가들도 가타구치 생산에 좀 더 신경 써주었으면 한다. 아름다운 용기와 세트로 제공된다면, 차가운 사케의 매력을 외국인들에게 훨씬 효과적으로 전달할 수 있을 것이다.

제안은 여기까지 하고, 마지막으로 내가 아끼는 명주들을 소개한다. 일본에는 앞서 언급한 것 외에도 맛있는 사케가 정말 많다.

북쪽에서부터 내려가 보면, 아오모리현 니시다슈조텐의 '덴슈(田酒)', 야마가타현 다카기슈조의 '쥬욘다이(十四代)', 니가타현 다이요슈조의 '히간(鄙願)', 시즈오카현 이소지만슈조의 '이소지만(磯自慢)', 아이치현 세키야조조의 '호라이센(蓬莱泉)' (특히 '구(空)'와 '긴(吟)'), 아이치현 반조조조의 '가모시비토쿠헤이지(醸し人九平次)', 미에현 기야쇼슈조의 '지콘(而今)', 미에현 미야자키혼텐의 '미야노유키(宮の雪)', 사가현 바바슈조조의 '노고미(能古見)'가 있다.

이 술들은 내가 맛을 보증하니, 사케의 진면목을 느끼고 싶은 분들은 꼭 한번 시도해보기 바란다.

결론

사케는 지난 10년간 수출액이 4배로 성장하고 유네스코 무형문화유산에 등재되는 등 세계적인 도약의 기회를 맞았다. 그러나 양조용 쌀 부족과 '히오치'라는 품질 리스크는 여전한 과제다. 정부는 공급과 물류 인프라 지원에 총력을 기울여야 하며, 양조장은 품질 향상과 다양성 확보로 시장의 저변을 넓혀야 한다. 이것이 사케 붐을 지속 가능한 산업으로 만드는 열쇠다.

용어

사케

쌀과 물을 원료로 누룩을 이용해 발효시키는 일본 고유의 전통주. 준마이슈(순쌀술), 긴조슈(음양주) 등 다양한 종류가 있다. 2013년 '일식'의 유네스코 무형문화유산 등재를 계기로 세계적인 주목을 받기 시작했다. 알코올 도수가 상대적으로 낮아 요리와 궁합이 좋고, 건강 지향 및 다문화 식습관에 어울리며 국제 콩쿠르 수상 및 수출 강화 전략이 맞물려 인기가 급상승했다. 해외에서 알코올음료 전반을 뜻하는 'Sake'와 구별하기 위해, 일본산 사케 고유의 문화적 브랜드 명칭으로 'SAKE'가 정착되어 세계 공용어로 퍼져나가고 있다.

닷사이(獺祭, Dassai)

야마구치현 이와쿠니시의 '주식회사 닷사이(구 아사히주조)'가 제조하는 사케 브랜드. 현지 소비에 머물던 사케를 세계적 명주로 끌어올린 선구자다. 특히 '정미율 2할 3푼(역주: 원래 쌀의 77%를 깎고 23%만 남긴 상태라는 의미)'으로 상징되는 극한의 도정 기술을 적용한 '준마이다이긴죠'는 화려한 향과 섬세한 맛으로 큰 인기를 얻고 있다. 장인의 감에 의존하기보다 기계화와 데이터 분석을 통한 품질 관리로 안정된 맛을 대량 생산하는 혁신을 이뤘다. 뉴욕과 파리에 거점을 두는 등 해외 진출에 적극적이며, 국제적인 사케 붐을 견인하는 대표 주자로 자리매김했다.

12장

'올림픽'과 '엑스포', 오사카는 왜 잠재력을 깎아먹는 실정만 거듭하는가?

오사카-간사이 엑스포는 겉으로는 성황리에 폐막했지만, 긴 대기 시간과 터무니없는 요금은 끝내 좋은 평가를 받지 못했다. 애초에 매립지 활용과 IR(통합형 리조트) 유치를 위한 인프라 정비가 숨겨진 진짜 목적이었다는 점, 운영 능력 부족, 시대착오적인 엑스포라는 포맷이 필연적으로 실패를 불렀다. 오사카를 부활시키려면 어떤 발상이 필요한가?

논점

1. 오사카는 왜 시대착오적인 엑스포에 집착해 재정 파탄을 자초했는가?
2. 누구의 이익을 위해 'IR(카지노)'을 핑계로 막대한 세금을 낭비하는가?
3. 쓸데없는 토목 사업에 매달려 미래의 성장 투자를 희생시키는 악순환을 언제 끊을 것인가?

용어

오사카유신회, 유메시마(夢洲), IR

'표면적 성공' 뒤에 숨겨진 진실:
시대에 뒤떨어진 박람회의 민낯

오사카-간사이 엑스포(2025년 일본 국제 박람회)가 2025년 4월 13일 개막했다. 시작할 때는 혹평 일색이었지만, 끝날 무렵에는 꽤 인기를 끈 것처럼 보였다. 하지만 천문학적인 건설 비용 등을 고려하면 시작 전부터 실패는 예견된 일이었다.

오사카-간사이 엑스포 협회가 발표한 개막 첫 달 예상 방문자 수는 총 261만 3,509명이었다. 대회 기간 전체 목표 방문객 수는 2,820만 명이었는데, 이를 달성하려면 하루 평균 약 15만 명이 방문해야 했다. 하지만 가장 큰 기대를 걸었던 '골든위크(황금연휴)' 기간에도 최고 13만 명대에 그쳤다.

'줄 서지 않는 엑스포'라는 야심 찬 캐치프레이즈와 달리 1~2시간 대기는 기본이었고, 서비스 질에 비해 터무니없이 비싼 음식 가격 등 인기를 얻지 못한 이유는 차고 넘친다.

하지만 이런 문제들은 어디까지나 표면적인 것이다. 애초에 오사카 엑스포는 기획 단계부터 첫 단추를 잘못 끼웠으며, 근본이 잘못된 이상 겉포장을 아무리 그럴싸하게 다듬어도 좋은 결과를 낼 수 없는 사업이었다.

오사카는 어디서부터 잘못된 것일까? 이를 알려면 우선 오사카의 정치적 특성을 이해할 필요가 있다.

오사카는 원래 정치색이 강한 곳이 아니었다. 1990년대

중반부터 개그맨 출신 요코야마 녹이 두 번이나 지사로 선출된 데서 알 수 있듯, 후보자의 인지도(지명도)가 당락을 결정할 만큼 주민들은 정치에 무관심했다.

그런 토양에서 등장한 것이 하시모토 도오루가 만든 '오사카유신회'다. 오사카유신회는 '오사카를 중심으로 생각한다'는 슬로건을 내걸었다. 설립 초기부터 인재 육성에 힘을 쏟았다면 그대로 중앙 정당으로 성장해 일본을 바꿀 가능성도 있었을지 모른다.

그러나 급격한 세력 확대에 비해 인재 풀이 따라가지 못했다. 결국 급하게 모은 함량 미달의 인재들이 각종 비리와 불상사만 일으키고 있다. 이래서는 영원히 지방 정당의 한계를 벗어날 수 없다.

'매립지의 저주': 수도 이전과 올림픽 유치의 잇따른 좌절

물론 오사카유신회가 등장하기 전부터 오사카를 일본의 중심으로 만들려는 시도가 없었던 것은 아니다.

그중 하나가 '수도 이전' 논의였다. 1990년대 도쿄 일극 집중을 해소하기 위한 수도 이전 논의가 뜨거워지면서 기후, 아이치, 도치기, 후쿠시마 등 여러 지역이 거론되었다. 이때 오사카도 간사이를 대표해 물망에 올랐다. 오사카, 교토, 나라가 인접한 지역은 대학이 밀집해 있어 학술 도시 성격을 띠고 있었다. 이곳을 중심으로 수도 기능 이전을 추진하려 했던 것이다. 하지만 수도 이전 논의 자체가 흐지부지되는 와중에, 간사이 지역이 '난카이 트로프 지진' 위험성이 높다는 이유로 결국 좌절되었다.

또 하나의 움직임이 '올림픽 유치'다. 발단은 현재 엑스포가 열리고 있는 '유메시마' 등 골치 아픈 매립지 문제였다. 오사카는 포트 아일랜드와 롯코 아일랜드로 성공한 고베를 벤치마킹해 고노하나구에 광활한 매립지를 조성했다. 하지만 그곳은 교통이 불편해 입주하려는 사업자가 거의 없었고, 매립지는 거대한 공터로 남았다.

현재 수많은 관광객으로 붐비는 '유니버설 스튜디오 재팬(USJ)'도 2001년 개장 초기에는 파리 날리는 입장객 수로 고민이 많았다. 원래 오사카시와 파나소닉 등이 출자하는 제3섹터(민관 합작) 방식이었지만, 2005년 경영이 악화되자 골드만삭스가 인수했다. 이후 한국계 사모펀드인 MBK파트너스 등이 가세해 회생시킨 뒤 컴캐스트 산하 NBC유니버설에 매각했다. 이것이 이 지역의 거의 유일한 성공 사례지만, 그 USJ조차 초기에는 고전을 면치 못할 만큼 입지가 나빴다.

그렇다고 막대한 돈을 들인 매립지를 놀릴 수는 없었다. 그래서 떠오른 묘안이 '오사카 올림픽' 구상이었다. 오사카에서는 과거에도 몇 차례 올림픽 유치 이야기가 나왔으나, 치안

이 나쁘다는 부정적 이미지를 씻지 못해 국내 최종 후보지에 오르지 못한 흑역사가 있다. '매립지 활용'이라는 명분을 내세워 유치 활동에 적극적으로 뛰어든 것은 2008년 올림픽 유치전이 시작된 1990년대였다. 그러나 이마저도 결실을 보지 못하고 최종 투표에서 최하위로 탈락했다. 개최지는 베이징으로 결정되었고, '매립지 활용을 위한 올림픽' 구상은 어정쩡하게 막을 내렸다.

엑스포의 진짜 목적은 'IR(카지노)을 위한 철도 깔기'

그다음 등장한 카드가 'IR(통합형 리조트)', 더 적나라하게 말하면 '카지노 유치'다. 일본에서는 2010년대 IR 추진 열기가 고조되며 법 정비가 진행되었다. 이에 따라 오사카에서는 2021년 미국 카지노 운영사 MGM 리조트와 일본 오릭스 컨소시엄이 공동 사업자로 선정되었다.

이것으로 매립지의 용도는 정해졌지만, 문제는 지하철 등 교통 인프라였다. 가뜩이나 반대 여론이 높은 카지노 건설을 위해 혈세로 인프라를 깔아주려 하자, "도박꾼들을 위해, 특정 민간 기업의 이익을 위해 세금을 쓰면 안 된다"는 거센 반발에 부딪혔다. 자칫하면 IR 사업 자체가 무산될 위기였다. 당당하게 나랏돈(공금)으로 지하철을 뚫을 묘안이 필요했다.

그래서 마지못해 만들어낸 것이 이번 '오사카-간사이 엑스포’다. 엑스포는 사회 인프라 정비와 궁합이 좋은 명분이다. 파리 에펠탑이나 시애틀의 스페이스 니들 등은 엑스포를 계기로 세워졌다. 오사카에서도 1970년과 1990년 두 차례 엑스포가 개최되었는데, 두 번째인 ‘국제 꽃과 녹음 박람회(꽃박람회)’ 때는 행사장인 쓰루미 녹지대까지 지하철 쓰루미료쿠치선(현 나가호리쓰루미료쿠치선)이 새로 개통되었다. 이번 엑스포의 진짜 목적 역시 ‘IR을 위한 인프라 정비’다. 공금을 눈치 보지 않고 쓸 수 있는 구실로 엑스포가 이용된 것이다.

진짜 목적이 무엇이든 엑스포가 성공했으면 좋겠다고 바란 사람도 있었을 것이다. 그러나 엑스포는 이미 ‘끝난 포맷’이다. 1970년 첫 번째 오사카 엑스포 때는 나도 ‘월석(달의 돌)’을 보려고 긴 줄을 섰던 기억이 있다. 하지만 두 번째 꽃박람회는 처참하게 실패해 기억하는 사람조차 거의 없다. 게다가 지금은 인터넷과 스마트폰 시대다. 엑스포에서 새로운 지식을 얻는다는 것은 과거의 유산이 되었다. 천문학적 돈을 쏟아부은 2020년 두바이 엑스포도 결국 저조한 실적을 남겼다.

중국 ‘하이롤러’는 사라졌다: 쇠퇴 산업 카지노에 미래는 없다

아쉽게도 유메시마의 ‘악몽’은 엑스포가 끝난 뒤에도 계속될 것이다. 엑스포 부지에 들어설 예정인 IR도 실패할 가능성이 농후하기 때문이다.

사실 카지노는 '쇠퇴 산업'이다. 동양 제일의 도박 도시로 번창했던 마카오도 이제 파리 날리는 신세다. 중국인 '하이롤러(고액 베팅 VIP 고객)'가 멸종했기 때문이다.

카지노는 화려한 시설로 손님을 끄는 장치 산업인데, 100달러 정도를 칩으로 바꿔 놀다가 돈이 떨어지면 방으로 돌아가는 일반 관광객을 상대로는 수익을 내기 어렵다. 카지노 수익의 90% 이상은 하룻밤에 1,000만 엔 단위를 펑펑 쓰는 하이롤러에게서 나오며, 마카오도 이들을 유치해 성장했다.

구조는 이렇다. 중국은 개발 인허가권을 지방 관료들이 쥐고 있어 뇌물이 횡행한다. 단, 현금을 직접 주면 들키기 쉬우니 업자는 관료를 마카오로 초대한다. 처음에는 1,000달러 정도 칩을 쥐여주고 놀게 하다가, '카지노의 왕' 스탠리 호 같은 업자가 개입해 관료가 큰돈을 따게 만든다. 겉으로는 도박에서 운 좋게 딴 돈이 되므로 뇌물죄를 피해 갈 수 있었다.

그러나 시진핑 정권이 들어서며 부패 척결과 뇌물 단속이 강화됐다. 이 '뒷구멍'이 막히자 전 세계 카지노에서 중국인 하이롤러가 썰물처럼 빠져나갔다.

스마트폰의 영향도 크다. 유명 메이저리거의 통역사가 연루된 사건처럼, 큰돈을 거는 도박꾼들은 이미 온라인 카지노로 옮겨갔다. 이 두 가지 흐름으로 인해 오프라인 카지노의 상승세는 완전히 꺾였다. 라스베이거스도 이제 도박이 아닌

MICE(전시·회의) 비즈니스나 가족 관광으로 연명하고 있다.

카지노 시장이 쪼그라드는 가운데 글로벌 업체들이 실낱같은 희망을 건 곳이 일본이었다. 일본은 경륜이나 파친코가 성행할 만큼 도박 시장 규모가 꽤 크기 때문이다. 재원 확보가 급한 지자체들의 이해관계가 맞아떨어지며 홋카이도, 요코하마, 나가사키 등지에서 IR 유치전이 벌어졌다.

하지만 파친코라는 대중 오락 문화와 카지노 문화는 엄연히 다르다. 또 일본에서도 온라인 도박으로의 이동 현상이 일어나고 있다. 게다가 기세 좋던 파친코조차 스마트폰 게임에 밀려 쇠퇴기에 접어들었다. 지역마다 사정은 달랐지만, 결국 사업성이 없다고 판단한 대부분의 지역에서 IR 사업자들이 철수했다.

유일하게 남은 곳이 오사카지만, 세계적 쇠퇴 조류를 뒤집을 만한 강력한 매력은 없다. 사업 자체는 착착 진행되고 있어 IR은 예정대로 개장하겠지만, 개장 이후 사업적으로는 가시밭길을 걷게 될 것이다. (역주: 오사카의 첫 IR은 현재 건설 중이며 2030년에 개장할 예정이다. 일본 정부는 2030년 관광객 6천만 명 달성에 IR이 크게 기여할 것으로 기대하고 있다.)

실패한 엑스포 빚잔치, 더 이상 세금을 낭비하지 마라

중요한 것은 더 이상 세금을 쏟아붓지 말아야 한다는 점이다. 경위가 이렇다 보니 엑스포를 주도한 오사카유신회도 진심으로 책임질 생각은 없어 보인다. 그래서 자민당과 국가를 끌어들여 빚을 대신 갚게 하려 꼼수를 부리고 있다. 엑스포가 최종적으로 흑자였다고 포장하지만, 이는 건설비 2,500억 엔을 쏙 뺀 운영비만 계산했을 때의 이야기다. 그 건설비의 상당 부분은 결국 IR을 위한 기반 시설로 쓰였을지도 모른다.

오사카 자체는 큰 잠재력을 가지고 있다. 유니버셜스튜디오재팬(USJ)(역주: 미국 헐리우드 영화와 엔터테인먼트를 테마로 삼는 테마파크)는 아시아 관광객들이 꼭 가고 싶어 하는 명소가 되었고, 우메키타 지구의 '그랜드 그린 오사카' 등 도심 재개발 성공 사례도 있다. 엉뚱한 매립지 말고 이런 콘텐츠와 도심 재생에 투자하는 편이 오사카 성장에 훨씬 도움이 된다. 이번 엑스포의 실패를 타산지석 삼아 오사카가 헛발질을 멈추고 부활의 길로 들어서길 바란다.

결론

오사카-간사이 엑스포는 본래 목적이 'IR을 위한 인프라 깔아주기'에 있었으며, 시대착오적인 사업을 세금으로 떠받친 결과 실패는 필연적이었다. 게다가 사양 산업인 카지노의 성공 가능성도 희박해 국민에게 빚만 떠안길 공산이 크다. 이제라도 세금 낭비를 멈추고, USJ나 도심 재개발처럼 확실한 성장 동력에 투자하는 방향으로 전환해야 오사카는 다시 살아날 수 있다.

용어

오사카유신회

2010년 하시모토 도오루 등이 결성해 '오사카도(都) 구상'을 내세우며 약진한 지역 정당. '작은 정부'와 규제 완화를 중시하는 보수 개혁 노선을 표방하며 교육 개혁, 행정 슬림화 등을 추진했다. 2012년 중의원 선거에서 제3세력의 태풍의 눈이 되며 국정 진출에 성공했다. 현재 대표는 요시무라 히로후미 오사카부 지사. 오사카 지역 내 지지 기반은 탄탄하지만, 엑스포 관련 잡음 등으로 최근 지지율 하락세를 보이고 있다.

유메시마(夢洲)

오사카만에 조성된 인공섬으로, 당초 컨테이너 항만이나 폐기물 매립지로 계획되었다. 최근 '2025 오사카-간사이 엑스포' 개최지와 '통합형 리조트(IR)' 건설 예정지로 지정되며 오사카 성장 전략의 핵심 거점으로 부상했다. 그러나 교통 인프라 미비, 천문학적인 건설 비용 증가, 지반 침하 및 토양 오염 등 환경 문제에 대한 우려가 끊임없이 제기되고 있다.

IR(Integrated Resort)

카지노를 중심으로 국제회의장(MICE), 호텔, 쇼핑몰, 극장, 테마파크 등을 결합한 거대 복합 리조트 시설. 관광객 유치와 지역 경제 활성화를 목적으로 싱가포르(마리나 베이 샌즈)나 마카오 등에서 성공을 거뒀다. 일본도 오사카 유메시마에 2030년경 개장을 목표로 추진 중이지만, 도박 중독 우려, 치안 악화, 막대한 재정 부담 등으로 찬반 논란이 뜨겁다.

13장

자동차 산업 재편 시대, 혼다와 닛산의 경영 통합은 왜 깨어졌는가?

'세계 3위 자동차 그룹 탄생'이라며 떠들썩했던 혼다와 닛산의 통합 협상이 2024년 12월 시작되었으나 불과 2개월 만에 깨어졌다. 협상이 결렬된 배경에는 무엇이 있었을까? 그리고 격변하는 자동차 산업에서 살아남기 위한 필수 조건은 무엇일까?

논점

1. 혼다와 닛산의 경영 통합이 애당초 성공하지 못할 것이라고 예견 되었던 이유는 무엇인가?
2. 글로벌 거대 자동차 기업들이 실적 악화로 고전하는 공통적인 이유는 무엇인가?
3. 자율주행 시대, 자동차 산업은 어떻게 재편되고 누가 최후의 승자가 될 것인가?

용어

경영통합, 자율주행, 홍하이(Hon Hai)

두 달 만에 좌절된 '세계 3위 자동차 그룹' 탄생의 꿈

2024년 12월, 혼다기술연구소(이하 혼다)와 닛산자동차(이하 닛산)가 경영 통합을 위한 협의에 들어갔다. 언론은 '세계 3위의 자동차 그룹 탄생'이라며 호들갑을 떨었지만, 이대로는 좋은 결과가 나오지 못할 가능성이 높았다.

우선 이번 경영 통합의 배경에는 닛산의 심각한 경영 부진이 있었다. 닛산은 1990년대 경영 위기에 빠져 프랑스 르노 산하로 들어갔다. 르노에서 파견된 카를로스 곤의 개혁으로 부활했지만, 지나친 비용 절감 탓에 미래를 위한 투자를 하지 못해 2019년도에는 다시 거액의 적자를 기록했다.

그때 구원의 손길을 내민 것이 혼다였다. 2024년 12월 23일, 양사는 2026년 여름 공동 지주회사 설립을 목표로 협의를 진행한다고 발표했다. 회견에는 미쓰비시자동차의 가토 다카오 사장도 동석하여 합류 의사를 밝히기도 했다.

2023년 판매 대수는 혼다가 410.9만 대로 세계 7위, 닛산이 344.2만 대로 8위, 미쓰비시자동차가 81.5만 대로 18위였다. 3사를 합하면 800만 대를 넘어, 1위 도요타 그룹, 2위 폭스바겐(VW) 그룹에 이어 세계 3위 규모가 된다.

다만 기자회견을 보면 두 회사의 경영 통합은 닛산을 무너뜨리고 싶지 않은 경제산업성 주도로 진행됐고, 혼다는 마지못해 응한 기색이 역력했다. 만약 계획대로 경영 통합이 이루어졌다 해도 통합 후 경영이 순탄했을 것 같지는 않다. 그 주된 이유는 두 가지다.

'고대 생물' 닛산과 '풍운아' 혼다: 사풍이 전혀 다른 두 회사

첫째는 두 회사의 극명한 사풍(社風) 차이다. 1933년 설립된 닛산은 아유카와 재벌을 뿌리로 삼아 전전(戰前)에는 국가 정책에 힘입어 성장해왔다. 그 영향 때문인지 경영 기법이 매우 보수적이다. 또 가와마타 가쓰지가 사장, 회장이던 시절에는 노동조합과 지나치게 유착해 자동차노동조합연맹이 경영을 좌지우지하기도 했다. 카를로스 곤의 등장으로 큰 변혁이 있었지만, 조직 깊숙이 스며든 보수적 문화는 쉽게 바뀌지 않는다.

반면 1946년 창업한 혼다는 업계의 '이단아'였다. 1970년대 미국이 머스키법을 도입해 배기가스 규제를 강화하자 일본차가 퇴출될 위기에 처했다. 이때 창업자 혼다 소이치로는 일본 내에서 법 규제에 반대하던 도요타나 닛산을 무시하고, 스스로 국회에 출석해 규제를 만족시키는 CVCC 엔진을 전격 발표했다. 혼다는 원래 이륜차 회사였지만 이 새 엔진 개발로 단숨에 자동차 시장에서도 존재감을 드러냈다. 그 여세를 몰아 미국에서도 성공을 이어갔고, 일본 기업의 해외 진출 성공 사례를 말할 때 "소니나 혼다처럼…"이라는 표현이 관용구처럼 쓰였다. 이처럼 닛산이 자동차 업계의 '고대 생물'이라면 혼다는 '풍운아'다. 물과 기름이 잘 섞일 리 없다.

무엇보다 혼다는 너무 예민해서 타사와의 제휴가 제대로 이루어진 적이 없다. 1990년대 초반 영국 로버와 자본 제휴로 기술을 공여했지만 여의치 않자 BMW에 경영권을 빼앗겼다. 1999년 제너럴모터스(GM)와 제휴했지만 그 관계는 몇 년 만에 막을 내렸다. 최근에는 자율주행 분야에서 다시 GM과 손을 잡았지만 공동 개발 계획은 백지화되었다. 혼다는 독립 정신이 강해 제휴에 서툴다. 상대가 닛산이 아니더라도 통합 후에는 상당한 알력이 발생할 가능성이 높다.

겹치는 시장, 겹치는 차종: 시너지가 없는 '단순 덧셈'

닛산과 혼다의 경영 통합이 실패할 것으로 보였던 또 다른 이유는 특기 영역의 중복이다. 두 회사 모두 스포츠카에 열광적인 팬층이 있지만, 매출의 중심은 일반 승용차들이고 커버하는 차종 범위가 비슷하다. 판매 지역을 봐도 양사 모두 북미가 주요 시장이다.

자신 있는 차종이나 주력 지역에 차이가 있다면 통합은 상호 보완적인 시너지가 될 수 있지만, 이렇게 중복되면 장점이 적다. 문화가 비슷하고 차종이나 지역에서 보완 관계에 있으면 이상적이지만, 혼다와 닛산은 정반대 패턴이다. 잘될 요소가 매우 적다.

유일하게 문제없이 살아남을 분야는 세계 1위인 혼다의 이륜차일 것이다. 개발도상국에서는 앞으로도 오토바이 시대가 계속될 것이므로 당분간은 독자적인 이익을 올리는 데 주력할 것이다.

전 세계 자동차 회사들이 고전하는 이유

닛산과 혼다가 통합해 덩치를 키우면 경영이 안정되어 망하지 않을 것이라는 시각도 있다. 그러나 '규모의 크기'가 무기가 되는 것은 과거의 이야기다. 실제 세계 자동차 업계를 보면 도요타를 제외한 거대 기업들이 모두 고전하고 있다.

세계 2위 VW 그룹, 3위 GM이 고전하는 주된 원인은 동일하다. 하나는 임금 상승이다. 양사 모두 노조가 강해 임금 인상과 고용 보장을 요구하는 파업 때문에 골머리를 앓고 있다. 이래서는 비용 경쟁력으로 승부할 수 없다.

또 다른 공통점은 중국 시장에 '올인'했다는 점이다. 성장 시장이었던 중국은 코로나19 사태 이후 경기가 둔화하고 있다. 지금까지는 자국 노동자의 임금 인상에 따른 비용 증가를 중국 시장의 성장이 흡수해주었지만, 이제 그 혜택은 사라졌다. VW 그룹은 창사 이래 최초로 독일 국내 공장 폐쇄를 검토했다. 노조의 반대로 보류되었지만, 대신 임금 삭감이 결정되었고 3만 5,000명 인력 감축 방침도 제시되었다.

세계 4위 스텔란티스(Stellantis)도 급제동이 걸렸다. 푸조, 시트로엥, 지프 등 총 14개 브랜드를 보유한 이 다국적 기업은 2021년 설립 이후 호조를 보였으나, 2024년 9월 대폭적인 이익 감소 전망을 발표했다. 12월에는 카를로스 타바레스 CEO가 갑자기 사임했다. 스텔란티스가 주춤하게 된 원인은 브랜드가 너무 많다는 것이다. 브랜드마다 경영 스타일이 다르고 차종과 판매 지역도 너무 다양해 전체적으로 통제하기 어렵다.

이처럼 도요타를 제외한 전 세계 거대 자동차 업체들이 일제히 고통받는 모습을 보면, 규모가 반드시 무기가 되는 것은 아님을 알 수 있다. 오히려 지금 건강한 기업은 규모는 작아도 확실한 색깔이 있는 메이커다.

예를 들어 페라리는 모회사 피아트로부터 독립한 후 피아트 이상의 시가총액(12조 엔)을 기록했다. VW 산하 포르쉐도 독립한다면 모회사의 고생과는 상관없이 높은 평가를 받을 것이다. 일본 업체 중에서는 인도 시장에서 압도적인 강세를 보이는 스즈키도 살아남을 것이다.

그런 점에서 아쉬운 게 미쓰비시자동차다. 나는 호주에서 '파제로(Pajero)'를 탄다. 어느 날은 보닛 높이까지 물이 차오른 습지대를 간신히 빠져나와 주유소에 들렀더니, 고장 난 타사 오프로더들이 산더미처럼 쌓여 있었다. 반면, 파제로는 험로에도 강해 전 세계에 팬이 있었다. 그러나 호주 생산 거점은 2008년 폐쇄되었고, 2019년에는 일본과 영국 판매도 중단하며 '이클립스 크로스' 등 평범한 브랜드를 도입하고 있다.

돌이켜보면 2003년 미쓰비시자동차는 특징적이었던 트럭·버스 부문을 분사해 다임러크라이슬러에 매각했다. 남은 것은 내가 보기에 지루한 자동차들뿐이다. 파제로는 과거 파리-다카르 랠리를 휩쓸며 험로가 많은 러시아 등에서 압도적 인기를 누렸지만, 현재의 미쓰비시자동차는 강점 없는 보통의 자동차를 만드는 회사가 되어버렸다. 조직 규모가 커져도 개성 없는 업체들이 모이는 것만으로는 성장을 기대할 수 없다. 그런 점에서도 이번 경영 통합은 기대하기 어려웠다.

완전 자율주행 시대, '거대함'은 짐이 된다

가까운 미래, 거대한 규모는 오히려 핸디캡이 될 가능성이 높다. 완전 자율주행이 실현되면 개인은 자동차를 소유하지 않고 필요할 때만 스마트폰으로 불러 이용하게 될 것이다. 그렇게 되면 자동차는 가장 가동률이 높은 시간대를 커버할 수 있는 수량만 있으면 충분하다. 현재 동시에 가동되는 자동차는 전체의 10%에 불과하고, 90%는 주차장에 서 있다. 이럴 경우 산술적으로는 판매 대수도 90% 감소한다. 판매 대수가 줄

면 기존의 생산이나 판매를 위한 거대 자원(공장, 영업소, 인원
등)은 짐덩어리가 된다.

혼다와 닛산도 마찬가지다. 혼다는 2022년 9월 소니와 '소
니 혼다 모빌리티'를 설립해 전기차(EV) 자율주행차 개발에
한창이다. 그러나 2024년 12월 발표한 것은 '아필라(AFEELA)'
차량에 노래방 서비스를 도입했다는 것이었다. 이동 중 엔터
테인먼트는 부차적인 것이다. 이래서는 진정한 목적인 자율
주행 기술 개발이 제대로 진행되지 못하는 것은 아닐까 하는
불안감이 든다. 닛산도 비슷해서 내연기관 기술은 뛰어나지
만, 자율주행 기술에서는 선두 그룹과 큰 격차가 있다.

자율주행으로의 전환에서 주목할 점은 이번 통합 추진 과
정에서 대만 홍하이(Foxconn)의 움직임이다. 홍하이는 애플
아이폰 위탁 생산으로 세계적 기업이 되었다. 홍하이와 파
트너십을 맺는 애플이 다음으로 노리는 것이 바로 자율주행
차다. EV 자율주행의 핵심은 OTA(무선 소프트웨어 업데이트)와
SDV(소프트웨어 중심 자동차)인데, 애플은 스마트폰을 EV에 접
목하는 것을 목표로 한다. 홍하이는 이에 맞춰 자동차 산업 진
출을 모색하고 있었다.

닛산이 자율주행으로 전환한다면 홍하이와 손을 잡는 선
택지도 있었다. 그러나 홍하이의 EV 사업 담당 CSO(최고전략
책임자)인 세키 준은 닛산 출신이다. 세키 CSO는 닛산에서 일

본전산(현 니덱)을 거쳐 홍하이로 옮겼다. 닛산의 1966년생 우치다 마코토 사장(당시) 입장에서 보면, 홍하이에 인수될 경우 과거의 선배(1961년생인 세키 준)가 다시 자신의 상전이 되는 셈이라 홍하이의 제안을 받아들일 수 없었을 것이다. 한편 홍하이 입장에서도 닛산만큼 비대하고 복잡한 업체는 통제하기 어렵다.

이미 미국이나 중국에서는 공공 도로에서 자율주행 레벨 5 실험이 시작됐다. 혼다와 닛산은 경영 통합과 동시에 자율주행으로 전환해야 살아남을 수 있다. '규모가 필요 없는 시대에 규모를 확대한 후 뒷수습'을 해야 하는, 모순적이고 어려운 도전이 될 것이다.

결론

닛산과 혼다의 경영 통합 파담은 필연적인 결과다. 양사의 통합은 시너지가 부족하고, 억지스러운 규모 확대는 오히려 역효과를 낼 가능성이 높았다. 자율주행 시대에는 거대한 덩치가 아니라 독자적인 기술력과 민첩한 의사결정 능력을 갖춘 기업만이 살아남는다. 양사의 결별은 그 냉혹한 미래를 보여주는 정상적인 귀결이다.

용어

경영 통합

복수의 기업이 지주회사 설립 등을 통해 경영 자원을 하나로 합쳐 경쟁력이나 효율성을 높이는 전략. 규모 확대를 통한 시장 점유율 강화, 비용 절감, 기술 개발력 향상을 목적으로 한다. 그러나 기업 문화의 차이나 특기 분야의 중복이 통합 효과를 저해하는 장애물이 되기 쉽다. 성공하려면 사업의 상호 보완성과 명확한 통합 전략이 필수적이다.

자율주행

차량에 탑재된 AI와 센서가 인간을 대신해 주행을 제어하는 기술. 안전성 향상, 교통 체증 완화, 이동 약자 지원 등 사회적 파급 효과가 기대된다. 국제적으로 SAE(미국자동차기술자협회)가 레벨 0~5를 정의한다. 레벨 0은 인간이 모두 조작, 레벨 1~2는 운전 지원 및 부분 자동화, 레벨 3은 조건부 자율주행, 레벨 4는 특정 구역 완전 자율주행, 레벨 5는 모든 환경에서 완전 자율주행이 가능한 단계를 뜻한다.

홍하이(鴻海)

1974년 대만 궈타이밍(Terry Gou)이 창업한 세계 최대 전자기기 위탁 생산 (EMS) 기업. 폭스콘(Foxconn)이라는 상호로 더 잘 알려져 있다. 애플 아이폰을 비롯한 글로벌 기업 제품을 생산하며 급성장했다. 2016년 경영난에 빠진 일본 샤프를 인수해 재건했다. 최근에는 전기차(EV) 및 자율주행 플랫폼 분야에 진출하여 하드웨어 제조 역량과 소프트웨어 기술을 융합한 차세대 모빌리티 기업으로 변모를 꾀하고 있다.

14장

상장한 도쿄메트로, '철도 외길'에서 벗어나 어디로 가야 하는가?

2024년 최대 규모 IPO로 화려하게 데뷔한 도쿄메트로. 그러나 철도 사업 의존도가 지나치게 높다는 태생적 한계를 안고 있다. 기존 사철(私鉄)들의 '연선 개발' 성공 방정식도 더 이상 통하지 않는 시대, 도쿄메트로가 기업 가치를 끌어올리기 위해 취해야 하는 생존 전략은 무엇인가?

1. 상장한 도쿄메트로의 철도 사업 의존도는 타사 대비 얼마나 기형적으로 높은가?
2. 일본 사철들은 전후 어떤 독특한 사업 모델로 성장해왔는가?
3. 향후 기업 가치 향상을 위해 도쿄메트로는 어떤 신규 사업에 과감히 도전해야 하는가?

도쿄메트로, 레빗타운(Levittown)

철도 회사로서는 일본 굴지의 우량 기업이지만

도쿄 지하철(도쿄메트로)이 2024년 10월 23일, 도쿄증권거래소 프라임 시장에 상장했다. 올해 최대 규모의 IPO(신규 상장)로 시장의 이목을 집중시켰다. 앞으로 유라쿠초선이나 난보쿠선 연장에 대한 기대가 높은 듯하지만, 나라면 투자하지 않겠다. 냉정하게 말해 장래성이 없기 때문이다.

도쿄메트로의 공모가는 1,200엔이었으나 시초가는 이를 크게 웃도는 1,630엔을 기록했다. 이후에도 높은 수준에서 거래되어 종가 1,739엔에 시가총액은 1조 엔을 넘어섰다.

도쿄메트로의 연간 수송 인원은 27억 6,500만 명(2019년 기준)으로 일본 철도 회사 중 2위다. 1위 JR동일본(65억 700만 명)에는 못 미치지만, 3위 JR서일본(19억 1,200만 명)이나 4위 도큐전철(11억 8,700만 명)을 훨씬 웃돈다. 철도 사업 영업 수익을 비교하면, 통근권 외에 신칸센이라는 강력한 수익원을 가진 JR동일본, JR도카이, JR서일본에는 뒤지지만, 도쿄메트로는 3,564억 6,700만 엔(2024년 3월 기준)으로 4위다. 철도 회사로서 실적은 나무랄 데 없이 훌륭하다.

단, 최근 실적과 '미래 기업 가치'는 별개다. M&A에서는 사업의 장래 가치, 즉 미래에 얻을 수 있는 이익을 금리 등으로 할인해 현재 가치를 산출한다. 물론 여러 변수가 있어 계산에 차이는 있겠지만, 상장 주식을 TOB(공개 매수)하는 경우에도 기업의 미래 성장성은 핵심 평가 요소다.

그렇다면 도쿄메트로의 장래 가치는 어떨까? 나는 이 회사가 성장할 여지를 별로 찾지 못하겠다. 현재의 경영 방식을 고수한다면 도쿄메트로의 가치가 중장기적으로 우상향하리라 기대하기 어렵다. 지금은 차분히 관망하는 편이 타당하다.

일본의 철도 회사가 독자 모델이 된 이유

내가 도쿄메트로에 장래성이 없다고 단언하는 이유는 이 회사의 경직된 사업 구조 때문이다. 도쿄메트로의 매출 3,892억 6,700만 엔 중 운수 사업(철도 사업) 부문은 약 90%를 차지한다. 반면 부동산 사업 부문은 136억 5,400만 엔으로 전체 매출의 3.5%에 불과하다.

다른 철도 회사들과 비교하면 도쿄메트로의 사업 구조가 얼마나 극단적인지 알 수 있다. 같은 수도권에서 영업하는 도큐, 세이부홀딩스, 오다큐전철 등은 철도나 버스 등 교통 사업 비중이 대략 20~30% 수준이고, 나머지는 부동산이나 유통, 서비스업에서 수익을 올린다. 수송 인원 1위인 JR동일본조차 철도 사업 비중은 3분의 2 정도다. 도쿄메트로의 철도 의존도는 타사와 비교가 안 될 정도로 지나치게 높다.

이런 수치에서도 알 수 있듯, 일본의 사철 각사는 단순한 철도 회사가 아니라 '연선(沿線) 지역 개발 디벨로퍼'로서 성장해왔다. 구체적으로는 노선 개통 전에 교외 토지를 헐값에 확보하고, 개통과 동시에 역세권에 주택을 지어 분양했다. 인구가 늘면 병원이나 슈퍼마켓 등 생활 편의 시설을 확충하고, 땅값이 오르면 역 근처에 아파트(맨션)를 지어 수익을 극대화했다. 한 지역 개발이 끝나면 철도를 연장해 같은 방식을 반복한다. 이것이 한큐전철의 고바야시 이치조에서 시작되어 도큐전철의 고토 게이타, 세이부의 쓰쓰미 야스지로 등으로 발전한 일본 사철 특유의 승리 공식이다.

기적을 낳은 '내무성'의 힘, 지금은 참고가 되지 않는다

일본의 대도시가 인구 집중에도 불구하고 슬럼화되지 않은 이유는, 사철들이 이 개발 모델을 통해 주민들을 도심 반경 50km 권역으로 분산시켰기 때문이다. 다른 나라에서는 인구가 늘면 도심 반경 약 20km 안에 몰려 산다. 그보다 멀어지면 자동차나 장거리 철도를 이용해야 해 불편하고, 주택 인프라도 제대로 갖춰지지 않아서다. 그 결과 도심에는 좁고 높은 고층 아파트들이 빽빽하게 들어찬다.

물론 해외에도 중산층이 사는 교외 베드타운은 있다. 예를 들어 뉴욕시에서 약 30km 떨어진 롱아일랜드섬에는 전후 '2×4(투바이포)' 공법으로 지은 규격화된 주택이 대량 공급되었다. 이 주택가는 '레빗타운(Levittown)'이라 불리며 중산층에게 큰 인기를 끌었다.

롱아일랜드에는 오래전부터 철도가 지나고 있어 출퇴근도 편했다. 단, 주택을 개발한 것은 철도 회사가 아니라 별도의 민간 개발업자였다. 일본처럼 철도 회사가 주체가 되어 철도와 도시를 일체적으로 개발하는 모델은 세계적으로도 드물다.

그렇다면 왜 일본에서만 이런 독자적 모델이 가능했을까? 예전에 그 이유를 알기 위해 도큐전철을 방문한 적이 있다.

당시 나는 마하티르 말레이시아 총리의 고문이었다. 말레이시아 수도 쿠알라룸푸르도 인구 증가로 인한 과밀화로 골머리를 앓고 있었다. 쿠알라룸푸르 서쪽 약 30km 지점에는 클랑(Klang)이라는 항구가 있다. 마하티르 총리로부터 "두 지역을 철도로 연결해 주택 개발을 하고 싶다"는 자문을 받은 나는, 일본의 노하우를 배우기 위해 도큐전철을 찾았다.

그런데 도큐전철 내에는 '일체적 개발'의 역사를 제대로 아는 사람이 없었다. 철도와 주택을 하나로 묶어 개발하던 시기는 전전(戰前)부터 전후(戰後) 잠깐이었고, 이후에는 철도와 부동산 사업이 분업화되면서 통합 개발을 담당했던 인력들이 모두 은퇴해버린 것이다.

갈라진 것은 철도 회사만이 아니었다. 전전에는 강력한 권한을 가진 내무성이 지방 행정을 통할하며 각 부처 소관 사항에도 관여해 연선 개발 조정이 쉬웠다. 그러나 내무성이 해체

되면서 그 기능은 여러 부처로 쪼개져, 운수성(현 국토교통성), 자치성(현 총무성) 등으로 감독 관청이 나뉘었다. 관료 조직이 수직화(칸막이 행정)되면서 부처 간 조정이 어려워졌고 일체적 개발은 힘들어졌다. 일본 사철 경영 모델은 일종의 역사적 기적이었지만, 그 배경에는 권한이 집중된 내무성이라는 존재가 있었던 것이다.

다시 도쿄메트로 이야기로 돌아오자. 일본 사철은 철도와 연선 개발을 결합해 성장했다. 그러나 도쿄메트로의 모델은 명백히 다르다. 부동산 사업을 하고는 있지만 매출 규모가 미미하고, 보유한 부동산의 장부 가치도 753억 엔(2024년 3월 기준)에 불과하다. 부동산 사업 강화를 외치고 있지만, 필요한 노하우도 자산도 턱없이 부족하다.

사철 경영 모델은 철도 연장 예정지의 값싼 토지가 있어야 성립한다. 도쿄메트로는 유라쿠초선(도요스-스미요시), 난보쿠선(시나가와-시로카네타카나와) 연장(총 7.3km)을 계획 중이지만, 해당 지역은 이미 개발이 끝난 도심지라 추가 개발 여지가 적다. 도쿄메트로가 이제 와서 사철 모델을 따라 해 성장한다는 것은 불가능에 가깝다.

'직주근접'의 시대, 교외 개발 모델은 끝났다

현재 도쿄메트로 노선 대부분은 사철과 상호 직통 운전을 하고 있다. 도쿄메트로 단독으로 연장이 어렵다면 사철과 손잡고 교외를 개발하면 된다는 시각도 있을 수 있다. 그러나 이 전략도 기대하기 어렵다. 과거의 사철 경영 모델 자체가 이미 막다른 골목에 다다랐기 때문이다.

전후 고도성장기부터 버블 시대까지 일본 직장인들은 긴 출퇴근 시간을 감수했다. 실제로 편도 1시간 20분 거리까지는 주택이 잘 팔렸다. 그러나 '타임 퍼포먼스(시성비)'를 중시하는 현대 젊은 세대는 직장에서 40분 이상 떨어진 곳을 기피한다. 집이 좀 좁더라도 직장과 가까운 곳(직주근접)에 살고 싶어 한다.

애초에 도심 반경 40km 권역은 개발될 대로 다 되었다. 이제 와서 그보다 먼 곳을 개발해봐야 젊은 층은 오지 않는다. 전통적인 사철 성장 모델은 수명을 다했다.

눈치 빠른 도큐전철은 현재 진행 중인 '시부야 재개발'이 상징하듯 도심 오피스와 상업 시설 개발로 회귀하고 있다. 반면 세이부는 전망이 어둡다. 프린스호텔뿐 아니라 본사 건물 매각까지 검토 중이다. 지방의 프린스호텔들은 40년 전과 비교해 거의 바뀐 게 없어 부동산 가치가 높지 않다.

이처럼 사철들조차 비즈니스 모델 전환을 강요받는 상황에서, 도쿄메트로가 뒤늦게 사철 모델을 흉내 낸들 성과를 낼 리 만무하다.

JR규슈의 '파격'을 배워라: 없는 자의 생존법

도쿄메트로가 참고해야 할 선행 사례는 사철이 아니라 'JR규슈'다.

과거 국철은 1987년 6개 여객 철도와 1개 화물 철도로 분할·민영화되었다. JR동일본, 도카이, 서일본은 도심 통근 노선이나 신칸센이라는 확실한 '현금 창출원'이 있어 여유가 있었다. 반면 홋카이도, 시코쿠, 규슈는 적자가 뻔해 국가가 경영안정기금을 주어 적자를 메워주었다.

그런데 JR규슈는 이 기금을 적자 메우기에만 쓰지 않고 2016년 자본금에 포함해 상장까지 해버렸다. 완전 민영화 이후 철도 사업도 흑자 전환했다. 호화 관광 열차 '나나쓰보시 in 규슈'나 2011년 전면 개통한 규슈신칸센도 있지만, 성장을 견인한 진짜 동력은 철도 이외의 사업이었다.

JR규슈는 독자적인 음식점이나 선술집 브랜드를 전개하고 있다. 입지도 역 구내에 국한하지 않고 교외 로드사이드 점포까지 진출했다. 심지어 선술집 '우마야'는 자사 철도가 깔리지도 않은 도쿄에 3개 점포나 냈다.

오사카에서는 구 테이진 빌딩 부지를 매입해 타워맨션 'MJR 사카이스지혼마치 타워'를 개발했다. 이곳은 오사카 중심부 금싸라기 땅으로 JR규슈와는 아무런 연고도 없는 곳이다. 도쿄의 선술집이나 오사카의 아파트가 철도 사업과 시너지가 있는지는 불분명하지만, 어쨌든 상업적으로 성공을 거뒀다.

하카타역 재개발 때도 규슈 지역에 연고가 없던 한큐한신백화점과 과감히 제휴해 역 빌딩을 짓고 첫해부터 흑자를 내는 등 기획력이 빛났다. JR규슈에는 "고객의 니즈가 있고 이익이 난다면 무엇이든 도전한다"는 일종의 산뜻한 야성이 있다. 혼슈의 JR 3사에 비해 '가진 것 없는 자'였기에 이런 파격적인 도전이 가능했다.

도쿄메트로도 '가진 것 없는 자'에 속한다. 지하철이라 지상권이나 공중권(역사 상부 개발권)이 제한적이다. 이 점을 자각하고 완전히 새로운 사업에 도전할 수 있을까? 그런 야성을 가진 인재가 나오지 않는 한, 도쿄메트로의 기업 가치는 오르지 않을 것이다.

결론

도쿄메트로는 철도 의존도가 기형적으로 높아, 사철들이 쌓아온 연선 개발형 성장 모델을 답습할 여지가 거의 없다. 교외 개발 시대는 저물었고, 부동산 사업을 키울 자산과 노하우도 부족하다. 오히려 JR규슈처럼 연고 없는 지역이나 이종 산업에도 과감히 뛰어드는 사업 다각화에 성공할 수 있느냐가, 향후 도쿄메트로의 기업 가치를 결정짓는 승부처가 될 것이다.

용어

도쿄메트로

정식 명칭은 도쿄지하철주식회사. 2004년 데이토고속도교통영단(영단지하철)의 민영화로 탄생한 일본 최대 지하철 사업자다. 기원은 1920년 하야카와 도쿠지가 설립한 '도쿄지하철도주식회사'로, 1927년 아사쿠사–우에노 구간에 일본 최초의 지하철을 개통했다. 이후 전시 체제하에 통합되어 1941년 '영단'이 설립되었고, 전후 노선을 확충하며 수도권의 대동맥으로 성장했다. 현재 9개 노선, 180개 역을 운영하며 역 구내 상업 시설(에키나카), 부동산, 관광 서비스 등 다각적인 사업을 전개하는 도시형 인프라 기업이다.

레빗타운(Levittown)

제2차 세계대전 후 미국에서 주택 부족을 해소하기 위해 건설된 대규모 계획 교외 주택단지. 개발사 '레빗 앤드 선즈(Levitt & Sons)' 창업자 레빗 가문의 이름에서 유래했다. 조립식 공법과 대량 생산 방식을 도입해 저렴한 주택을 공급하며 중산층의 '내 집 마련' 꿈을 실현했다. 그러나 획일적인 디자인과 초기 흑인 입주 제한 등 인종 차별적 관행으로 비판받기도 했다. 자동차 중심의 라이프스타일과 교외화를 상징하며 전후 미국 주택 정책과 문화에 지대한 영향을 미쳤다.

2부

세계편

트럼프 2.0 시대의 자국 우선주의와
유럽의 우경화, 중국의 부동산 버블과
AI 약진 등 급변하는 국제 정세에서
나아갈 길을 찾다.

세계적 '이민 배척'의 광풍 속에서 살아남을 길은 '전략적 개국'뿐이다

이민 3세 트럼프가 주도하는 '이민 배척', 그리고 IT 인재의 대이동

현재 G7을 대표하는 선진국들 사이에서 극우 포퓰리즘 정당 세력이 확대되고 있다. 이들 정치 세력은 '자국 퍼스트', '이민 배척'을 주장하며 이미 자국에 정착한 이민자들에게까지 칼끝을 겨누고 있다. 앞으로의 정세 추이에 따라서는 이 흐름에 제동이 걸리지 않을 우려도 있어 각별한 주의가 필요하다.

그 필두는 2025년 1월 도널드 트럼프가 다시 대통령에 취임한 미국이다. 미국은 원래 이민자들이 건국한 나라이고, 트럼프 대통령 자신도 독일 이민자의 손자다.

하지만 2기째를 맞이한 트럼프 행정부는 '연간 이민자 강제 송환 100만 명'을 목표로 내걸고 불법 이민 단속을 강화했다. 아직 목표치에는 미치지 못하지만, 2025년 초부터 9월까지 약 40만 명이 송환되었다.

단속의 주역은 미합중국 이민관세집행국(ICE)인데, 항의하는 여성을 직원이 끌어내다 넘어뜨리는 동영상이 인터넷에 퍼지는 등 과도한 진압 활동에 대한 비판도 거세다. 9월에는 ICE에 대한 총격 사건이 발생해 희생자도 나왔다. 트럼프 대통령이 치안 유지를 위한 군 파병을 지시하는 등 긴장은 고조되고 있다.

타깃은 건설업이나 요식업 등에 종사하는 불법 이민자만이 아니다. 트럼프 행정부는 9월, 외국인 특수 기능직(IT 엔지니어 등) 전용 취업 비자인 'H-1B'의 취득 비용을 최대 10만 달러로 인상하겠다는 방침을 발표했다.

이것이 실현되면 IT 엔지니어 등 고급 인재 영입에 타격이 크다. 비자 취득 비용 인상은 고스란히 기업의 고용 비용 상승으로 이어진다. 미국에는 전 세계의 우수한 IT 인재가 모여 있는데, 비용 부담 때문에 귀국할 수밖에 없는 엔지니어들이 속출할 것이다.

트럼프 행정부는 1기 행정부(2017~2021년) 때도 자국민 고용 확보를 명목으로 H-1B 발급 요건을 강화했다. 이때 인도의 우수한 엔지니어 10만 명 이상이 귀국했다. 그 결과 인도 내 IT 사업이 활발해지고, 그중 유니콘 기업(기업 가치 10억 달러 이상의 비상장 벤처기업)이 잇달아 탄생했다. 이제 인도는 미국, 중국에 이어 세계 3위의 유니콘 강국으로 성장하고 있다.

트럼프 대통령은 인도에 대한 관세 협상 카드로 H-1B 비자 취득 비용 인상안을 꺼내 든 듯하지만, 1기 집권 결과를 보면 이번에도 결과적으로 인도를 이롭게 할 공산이 크다.

원래 우수한 인재가 전 세계로부터 유입되어 새로운 비즈니스를 일으킨 것이 미국을 강하게 만든 원천이었다. 그 사실을 망각하고 이민에 대해 무조건적인 배척 정책을 밀어붙이는 트럼프 대통령은 어리석다고 말할 수밖에 없다.

**브렉시트의 실패에도 불구하고,
왜 영국은 다시 극우 포퓰리즘에 열광하는가**

외국인 배척을 내세우는 극우 세력의 성장세는 유럽에서도 두드러진다. 특히 최근 영국에서는 나이젤 파라지 당수가 이끄는 극우 정당 '리폼 UK(Reform UK)'의 기세가 매섭다.

영국은 전통적으로 우파 보수당, 좌파 노동당의 양대 정당이 각축을 벌여왔다. 실제로 2024년 7월 치러진 총선에서는 노동당이 대승을 거두며 보수당으로부터 14년 만에 정권을 탈환했다.

그러나 이후 치러진 선거에서는 리폼 UK가 급격히 지지세를 불리고 있다. 2025년 5월 하원 보궐선거에서 리폼 UK 후보가 노동당 후보를 꺾었다. 또 같은 날 치러진 잉글랜드 지방의회 선거에서는 개선(선거 대상) 1,641석 중 리폼 UK가 677석을 획득했다. 이 기세로 다음 총선에 돌입하면 리폼 UK가 제1당이 될 가능성도 충분하다.

리폼 UK의 당수 파라지는 과거 영국독립당 당수 시절 영국의 EU 탈퇴(브렉시트)를 주장하며 두각을 나타낸 인물이다. 2020년 1월 브렉시트 이후 영국 경기는 침체되고 민생은 팍팍해졌다. EU 탈퇴 5년 후 실시된 여론조사에서는 약 60%가 "브렉시트는 실패다"라고 응답했다.

그런데도 파라지 당수의 인기가 높은 이유는 그의 뛰어난 연설 능력 때문일 것이다. 냉정히 들으면 팩트에 근거하지 않은 내용투성이지만, 이해하기 쉽게 단정 짓는 화법으로 이야기하기 때문에 청중은 힘을 느끼고 믿어버린다. 또 인터넷을 적극적으로 활용해 기존 정치인들이 다가가지 못하는 젊은 층을 포섭하고 있다.

이는 트럼프 스타일과 유사한 상투적인 포퓰리즘이지만, 일상생활에 불만을 느끼는 서민층에게는 쉽게 파고들어 그들의 대변자로 여기게 만든다.

'이민정책 우등생'인 독일에서 극우정당이 지지를 얻는 배경

독일에서는 수년 전부터 서서히 세력을 키워가던 극우 정당 '독일을 위한 대안(AfD)'이 꾸준히 기반을 굳히고 있다. 이전부터 일부 계층의 지지를 받았지만, 2025년 2월 치러진 총선거에서는 이민자 범죄와 반이민 정서, 경제 부진에 대한 불만을 배경으로 지난 선거의 2배에 달하는 20.8%의 득표율을 기록했다. 630석 중 152석을 차지하며 국정 수준에서 처음으로 제2당으로 도약했다.

뒤에 설명하겠지만 독일의 이민 정책은 지금까지 비교적 성공적이었다. 노동력 부족에 시달리던 구 서독 정부는 1950년대 이후 이민 정책을 추진해 터키, 그리스, 이탈리아, 폴란드 등에서 이민자를 적극적으로 받아들였다. 처음에는 마찰도 있었지만 세대를 거치며 정착해, 현재는 독일 국민의 5분의 1이 이민자 배경을 갖게 되었고 사회는 안정되었다.

그중에서도 터키인이 차지하는 비중이 가장 커, 독일 전체에 이미 300만 명에 이르는 것으로 알려졌다. 낯선 땅에서 힘겹게 살아온 이민 1세대의 교육 중시 방침 아래 자란 2세 중에는 현재 독일 정재계와 학술 분야를 선도하는 인물도 배출되고 있다.

예를 들어 코로나19 백신을 개발해 일약 스타가 된 독일 기업 바이온테크(BioNTech)의 창업자 두 명은 모두 터키계 이민자다. 이 회사에 mRNA 기술을 도입한 인물은 헝가리 출신으로 훗날 노벨 생리의학상을 받은 카탈린 카리코 여사다. 이제 독일은 터키인이 없으면 사회, 경제가 돌아가지 않을 정도라 해도 과언이 아니다.

2023년 독일은 일본을 제치고 GDP 세계 3위에 올랐는데, 독일 경제의 약진에는 '인더스트리 4.0'으로 대표되는 정부의 산업 정책과 함께 이민자들이 담당한 역할이 컸다.

그러나 독일의 성장에서 소외된 사람들도 있다. 바로 구 동독 지역 주민들이다. 35년 전인 1990년 10월 동서독 통일 당시, 헬무트 콜 총리는 과감한 동독 우대 정책을 채택해 동서 경제 격차를 메우려 했다. 구체적으로 구 동독 마르크를 1대 1 비율로 구 서독 마르크와 맞바꿔 주어 구 동독 국민의 구매력을 끌어올렸다. 또 구 동독 지역 인프라 설비에도 막대한 국가 예산을 투입했다.

하지만 결과적으로 현재도 구 동독과 구 서독의 경제 격차는 메워지지 않았다. 자신들을 영원한 '2류 시민'이라 생각하는 구 동독 주민이 70%가 넘는다. 불만은 크지만, 그 울분을 구 서독 주민에게 돌리는 것은 자신들의 패배를 인정하는 꼴이라 자존심이 허락하지 않기에, 화살을 이민자 배척으로 돌렸다. 실제로 2월 총선 득표율을 보면 AfD가 구 동독 지역 모든 주에서 1위를 차지했다.

경계해야 할 것은 구 서독 지역에서도 AfD 지지율이 오르고 있다는 점이다. 9월 치러진 노르트라인베스트팔렌주 지방 선거에서 AfD는 득표율 14.5%로 제3당에 머물렀지만, 지난 선거 대비 득표율이 약 3배로 늘었다. 경제적 혜택을 누리는 구 서독 지역에서도 AfD 지지가 확대되면, 독일의 이민 배척 움직임은 다음 단계로 진입할지 모른다.

'이민 정책 우등생'인 독일이 이 정도니 다른 나라는 더 심각하다. 프랑스에서는 마린 르펜이 실질적으로 이끄는 극우 정당 국민연합(RN)이 2024년 6월 유럽의회 선거에서 중도 여당 연합에 더블 스코어로 압승했다. 이탈리아에서는 우파 정당 '이탈리아 형제들(FdI)'을 이끄는 조르자 멜로니가 2022년 10월 총리에 취임했다. 멜로니는 젊은 시절 독재자 무솔리니를 숭배했던 과거가 있다. 총리가 된 지금은 현실 노선으로 기울었지만, 뿌리는 극우 정치인이다.

'일본인 퍼스트'의 함정: 사이버 우경화가 일본을 고립시킨다

이처럼 미국과 EU 주요국에서 이민 배척을 주장하는 정치 세력이 활발해지고 있는데, 일본도 남의 일이 아니다. 2025년 7월 참의원 선거에서는 '일본인 퍼스트'를 내건 극우 포퓰리즘 정당인 참정당이 약진하여 14석을 획득했다.

참정당은 2020년 설립된 신생 정당이지만, 지지층이 갑자기 생겨난 것은 아니다. 예전에는 자민당 아베 정권을 지지했으나, 기시다, 이시바 등 구 아베파와 거리를 두는 중도 정권이 이어지자 우익 지지층이 참정당으로 돌아선 것이다. 이른바 구 아베파의 '망령'이 참정당이다.

그리고 2025년 10월 자민당 총재 선거에서 아베 정치 계승을 내걸고 당내 가장 우파로 꼽히는 다카이치 사나에가 새 총재로 선출되었고, 우여곡절 끝에 야당과의 연립 협상을 거쳐 총리가 되었다.

일본 극우 정치인들은 입을 모아 '일본인 퍼스트'를 호소하지만, 굳이 힘주어 주장할 필요는 없다. 사실 일본인은 '본능적으로 일본을 좋아하는' 보기 드문 국민성을 가졌다. 외국인에게 술을 먹이고 자국에 대해 물어보면 안다. 남들 앞에서는 말 안 해도 속으로는 자기 나라를 별로 좋아하지 않아 욕이 튀어나오는 경우가 많다. 그에 비해 일본인은 정부 욕을 하더라도 끝에는 "다다미 위에서(일본에서) 죽고 싶다"고 말한다. '나라를 사랑한다'는 의미에서는 자연스럽게 약간 우측이라 할 수 있다.

하지만 대부분의 일본인에게 굳이 '애국'을 겉으로 내세우는 멘탈리티는 없다. 일본인은 일본을 좋아하고 세계로부터 존경받기를 원하지만, 그것은 자신들이 행동하기 나름이라는 의식이 강하다. 애국을 강조하면 할수록 세계로부터 존경을 잃는다는 사실을 잘 알기 때문이다.

그런데도 극우 정치인들은 '자신들이 세계에 어떻게 비치는가' 하는 관점 없이 안일하게 '일본인 퍼스트'를 내건다. 일본을 사랑하는 지극히 평범한 일본인이 볼 때는 정말 이해하기 어려운 사고방식이다.

물론 어느 나라에나 극우 세력은 존재하고, 항상 15% 정도의 콘크리트 지지층이 있기 마련이다. 그런 의미에서 일본도 해외 수준이 되었다고 볼 수 있다.

그러나 앞서 해설한 것처럼 서구에서는 극우 정당 지지율이 15%를 넘고, 트럼프 대통령이나 멜로니 총리처럼 정권을 잡는 나라도 나오고 있다. 일본이 극우 포퓰리즘에 휩쓸릴지는 알 수 없지만, 지금 그 경계선 위에 서 있다고 할 수 있다.

특히 원하는 직업을 갖기 어려운 젊은이들은 "이민자들이 내 앞길을 막고 있다"고 생각하기 쉽다. 여기에 SNS를 능숙하게 다루는 정치인이 등장하면 청년들은 단숨에 그쪽을 지지하게 된다. 기존 언론이 이 점을 간파하고 젊은 층의 지지를 되찾지 않으면, 일본도 순식간에 '사이버 우경화'가 될 위험이 있다.

국가 경쟁력을 위한 '공격적 이민 전략'으로 전환하라

이민 정책에 대한 내 생각은 일관된다. "일본의 인구 감소를 전제로, 현실적인 해결책으로서 이민을 수용할 필요가 있다." 심각한 저출산 고령화와 노동력 부족이 진행되는 가운데, 일본은 기존 틀만으로는 지속 가능한 경제 성장을 유지할 수 없다. 이민 정책은 말 그대로 불가피한 국가 전략이다.

일본 사회에는 '이민에 대한 거부감'이 뿌리 깊지만, 이것이야말로 문제의 본질이다. 그동안 일본 정부는 단순 노동자 수용을 제도상 허용하지 않으면서, 현실적으로는 '기능실습생'이나 '유학생 아르바이트' 형태로 '숨은 이민'을 대거 유입시켰다. 이 현상은 매우 불투명하고 불건전하다. 오히려 정면으로 이민 정책을 논의하고 제도화해야 한다. 이민을 '일시적인 노동력 땜질'로 취급할 것이 아니라, 사회 구성원으로서 장기적으로 받아들이는 구조를 만들어야 한다.

또한 이민 정책은 인구 대책에 그치지 않고 국가 경쟁력 강화로 이어져야 한다. 다양한 배경을 가진 인재를 끌어들여 혁신을 촉진하고, 일본 기업과 사회의 국제 감각을 연마하는 계기로 삼아야 한다.

그러기 위해서는 수용하는 쪽의 사회 제도 정비도 필요하다. 교육, 의료, 주택, 사회보장 등에서 다문화 공생의 전제를 정비하지 않으면 마찰과 차별이 심해질 위험이 있다. 따라서 '단순한 머릿수 채우기 이민 정책'이 아니라 '선택적이고 전략적인 이민 정책'을 도입해야 한다.

성공적인 이민자 수용을 위해서는 사회적 사고방식이 바뀌어야 한다. 일본인은 동질성 높은 사회에 익숙해 이질적 문화나 가치관을 수용하는 경험이 부족하다. 하지만 세계 경제 속에서 살아남으려면 다양성을 위험이 아닌 '자원'으로 봐야 한다. 이민은 '어쩔 수 없이 받아들이는 존재'가 아니라 '일본 사회를 쇄신하고 지속 가능하게 하는 파트너'다.

내가 제안하는 이민 정책은 노동력 부족이나 인구 감소의 '구멍 메우기' 발상을 넘어, 일본을 재활성화하기 위한 '공격적 국가 전략'으로서 적극적, 긍정적으로 평가하는 것이다. 동시에 사회 제도나 국민 의식 개혁을 병행하며, '이민을 거부하는 나라는 쇠퇴한다'는 엄중한 현실을 깨달아야 한다.

'선택받지 못하는 나라'가 되기 전에 문을 열어야 한다

그렇다면 구체적으로 일본은 어떤 이민 정책을 펴야 할까?

전제로 삼아야 할 것은 일본의 인구 감소다. 2025년 1월 1일 시점에서 일본인 인구는 전년보다 약 90만 명 줄었다. 사상 최대 감소 폭이다. 낮은 출산율을 감안하면 곧 연간 100만 명 규모로 줄어들게 된다.

인구가 줄면 노동자와 소비자가 줄어 경제 성장도 멈춘다. 쇠퇴를 반전시키려면 최소한의 인구를 유지해야 하지만, 정부의 저출산 대책에는 한계가 있고 설사 성공한다 해도 태어난 아이들이 사회의 주역이 되기까지 20년 이상 걸린다. 현실적인 해법은 이민 수용밖에 없다.

하지만 일본은 그동안 이민 정책을 진지하게 고민하지 않았다. 과거 경제계 요청으로 외국인 근로자를 불러들인 적은 있다. 1990년대 급증한 일본계 브라질인이 그렇다. 하지만 2008년 리먼 사태로 인력이 남아돌자 고용을 중단했고 그들은 본국으로 돌아갔다. 결국 일본계 브라질인을 일손 부족의 '버퍼(완충재)'로 일시 이용했을 뿐, 본격적으로 받아들일 생각은 없었던 것이다.

현재의 '기능 실습 제도'도 그 연장선에 있어 일본에서 최장 5년밖에 일할 수 없다. '국제 공헌에 의한 인재 육성'이라는 취지와 달리 '위법 노동의 온상'이라는 비판을 받아, 2027년 4월부터 새로운 '육성 취업 제도'가 시작되지만 이 역시 일본 정착을 목표로 한 제도는 아니다.

이미 건설, 운송, 의료·복지, IT, 숙박·음식 등 모든 업계에서 노동력이 만성적으로 부족한데도, 정부는 "우리나라는 이민 정책을 쓰지 않는다"는 명분을 고수하며 어정쩡한 태도를 보이고 있다.

그러나 즉흥적인 정책으로 물을 흐려놓으면 결국 외국인 인재로부터 외면당한다. 최근 엔저 영향도 있어 중국, 필리핀,

베트남 사람들에게 일본은 이미 '돈을 벌 수 없는 나라'로 인식되기 시작했다. 최근 증가하는 방글라데시나 네팔인들에게도 외면당할 날이 머지않았다. 그 이후엔 아프리카로 손을 뻗겠지만, 지리적·문화적으로 먼 지역일수록 마찰이 크고 수용 비용도 올라간다. 당장 가까운 아시아 각국으로부터의 이민 수용 태세를 갖춰야 한다.

캐나다의 '계획', 독일의 '통합':
성공한 이민 국가에서 무엇을 배울 것인가

이민 수용에 관해 모델이 될 선진국은 많다. 국민의 약 4분의 1이 이민자로 구성된 캐나다는 심각한 노동력 부족을 겪는 의료, 제조, 건설 현장을 이민자들이 떠받치고 있다.

2023년 캐나다 정부는 2026년까지 연간 50만 명의 이민자를 수용하겠다고 발표했다. 당초 8,500만 캐나다 달러(약 90억 엔) 예산을 책정해 심사 속도를 높일 계획이었다. 예상보다 인구가 너무 늘어 현재 계획을 하향 조정하고 있지만, 노동력이 부족한 분야의 기술이나 자격을 갖춘 이민자는 앞으로도 연간 40만 명 가까이 받아들일 방침이다.

선진국 인구가 감소 추세인 것과 달리 캐나다는 인구가 증가해 4,000만 명을 돌파했다. 증가분의 96%는 이민에 의한 것이다.

233

캐나다 정책의 특징은 미리 수용 계획을 수립하고 달성을 위한 예산을 책정한다는 점이다. 일본도 우선 수용 목표 인원을 정해야 한다. 앞으로 매년 100만 명 정도 인구가 줄어들 것이니, 목표는 매년 100만 명 수용이 타당하다.

독일의 이민 정책도 참고할 만하다. 캐나다나 호주는 영어가 공용어라 언어 장벽이 비교적 낮지만, 비영어권인 독일은 다르다. 그래서 독일은 정착을 원하는 이민자나 난민에게 독일어와 문화를 배우는 '통합 코스' 수강을 의무화했다. 독일어 600시간, 오리엔테이션(역사, 문화, 법률 등) 100시간이며, 수강료는 수업당 2유로 남짓으로 저렴하다. 수료하면 거주 허가나 귀화 신청에 유리하므로 이민자에게도 동기 부여가 된다.

반면 일본은 이민자를 사회에 동화시키기 위한 통합 정책이 없다. 세계적으로도 습득 난이도가 높은 일본어는 큰 장벽인데도, 이를 지원하는 공적 시스템이 부재하다. 일본어나 문화 이해가 부족한 상태에서 일을 시작하면 당연히 마찰이 생긴다. 이 부분은 독일을 참고해 시급히 정비해야 한다.

스웨덴은 세계에서 이민에 가장 관대한 나라였으나, 시리아 등 분쟁국 난민을 대거 수용한 뒤 5년이 지나도 사회에 적응하지 못하는 사람들이 늘자, 그들에게 돈을 주어 내보내는 제도까지 만들었다. 이는 무조건적 수용의 부작용을 보여주는 사례로 반면교사 삼아야 한다.

부유층의 이민 수용도 적극적으로 검토해야 한다

또 다른 방법은 해외 부유층을 불러들이는 것이다. 부유층은 가족, 친척과 함께 들어와 고급 주택을 사고 가구, 가전, 음식 등에 상당한 소비를 하므로 인구 증가뿐 아니라 경제 규모 확대에도 기여한다.

좋은 예가 스위스다. 낮은 세율(소득세, 상속세 등), 프라이빗 뱅크로 대표되는 금융 자산의 은닉성, 영세 중립국이라는 안전성을 살려 전 세계 부유층을 유치해 세계 정상급 1인당 GDP를 유지하고 있다. 절대적인 인원수는 적어도 소비 액수가 월등해 기여도가 크다.

호주도 비슷하다. 과거 '백호주의'로 비백인을 배제했지만, 노동력을 늘리기 위해 1970년대 다문화주의로 전환했다. 영어 교육을 중심으로 정착 서비스를 제공하고 시민권 취득 기준을 완화했다. 그 결과 중국과 인도의 부유층 이민이 늘었다. 그들은 도착하자마자 비즈니스를 시작해 경제 활성화에 기여했다. 성공한 중국, 인도계 이민자가 호주에 많은 이유다.

외국인 부유층 유치에서도 일본은 약하다. 안전, 안심 측면에서 일본은 매력적인 후보지지만, 세제(특히 상속세 등)가 큰 장애물이다. 현재는 오사카 북부나 도쿄 치요다구 등에 '세컨드 하우스'를 두는 정도에 그친다. 영어를 못하는 일본인이 많아 가사 도우미(메이드)를 고용하기도 쉽지 않다.

그런 점에서 싱가포르는 외국인 메이드를 대거 받아들임으로써 고급 인재를 정착시키는 데 성공했다. 일본은 국가전략특구에서만 외국인 가사 서비스를 제한적으로 허용하고 있다. 이를 전면 해금해 외국인 메이드에게 가사나 육아를 맡길 수 있게 하면, 일본 여성도 경력을 이어가기 쉬워져 안심하고 아이를 낳을 수 있다. 저출산 대책도 되니 일석이조다.

장기적으로 '국적법' 정비도 잊어서는 안 된다. 이민은 대를 거듭할수록 통합이 잘 되고 마찰도 줄어든다. 그러나 현재 일본에서는 외국인이 아이를 낳아도 그 아이가 자동으로 일본 국적을 얻지 못한다. 그러면 부모가 정착해도 출산을 주저하게 된다. 미국처럼 속지주의(출생지주의)를 도입하거나, "부모가 외국 국적이라도 아이가 일본에서 태어나 의무교육을 마치면 국적을 부여한다"는 식으로 개정해 이민자들이 안심하고 정착하도록 해야 한다.

이민 수용은 '어쩔 수 없는 선택'이 아니라
'생존을 위한 필수 조건'이다

현실 세계에서 배외주의가 득세하고 있지만 현혹되어서는 안 된다. 우파 세력이 성장하는 선진국들도 내막을 보면 심각한 노동력 부족에 시달리고 있다. 이미 이민자 없이는 경제가 성립되지 않기에, 각국은 치열한 인재 획득 경쟁을 벌이고 있다. 일본은 이 경쟁에서 완전히 소외되어 있다.

가까운 장래에 인구가 연간 100만 명씩 줄어들 것이다. 일본어라는 거대한 장벽과 독특한 생활 습관을 가진 일본이야말로 세계에서 가장 절박하게 이 문제를 다뤄야 한다. 지금이야말로 현실을 마주하고 정면으로 이민 정책을 펴야 한다. 이민 수용은 선택이 아니라 피할 수 없는 국가적 과제다.

언어와 문화가 다른 사람들을 받아들이면 알력이 생기는 것은 당연하다. 일시적으로 범죄율이 오를 수도 있다. 그러나 문제가 생기면 대책을 세우면 된다. 그것이 오랜 세월 컨설팅 현장에서 활동해온 내 지론이다. 외국인을 배제할 것이 아니라, 어떻게 받아들이고 그 능력을 활용해 일본의 자원으로 삼을지를 치열하게 고민해야 할 때다.

15장

'트럼프의 귀환', 미국은 부활할 것인가, 쇠퇴할 것인가?

트럼프 재선은 민주당의 자멸이 불러온 결과에 지나지 않는다. 하지만 제2기 정권은 위험 인물들로 각료를 채워 폭주할 것이 뻔하다. 국민 생활은 지옥으로 떨어질지도 모른다. 미국은 회생의 길을 걸을 것인가, 파멸로 치달을 것인가?

논점

1. 대선에서의 '트럼프 압승'은 어떤 배경에서 비롯되었는가?
2. 제2기 트럼프 행정부 각료 인사의 치명적 문제점은 무엇인가?
3. 트럼프의 재등판은 왜 미국 국민의 생활을 더 고통스럽게 만들 것
   인가?

용어

스윙스테이트, 일론 머스크

트럼프의 귀환, 미국 암흑시대의 서막이 올랐다

2024년 11월 미국 대선 결과, 도널드 트럼프가 4년 만에 대통령으로 돌아왔다. 이제 미국은 암흑의 시대를 맞게 될 것이다. 먼저 이번 대통령 선거를 복기해보자.

처음에는 경선을 통과한 민주당 후보 조 바이든 대통령(당시)과 공화당 후보 트럼프의 싸움이었다. 그러나 TV 토론회 직후 잦은 실언과 어색한 거동으로 바이든의 인기가 급락하자, 결국 그는 사퇴를 표명했다. 8월 카멀라 해리스 부통령이 새로운 민주당 후보가 되어 한때는 순풍을 타기도 했다.

만약 바이든이 더 일찍 물러났다면, 해리스는 미국 최초의 여성 대통령이 되어 전혀 다른 역사를 썼을지도 모른다. 하지만 트럼프의 거센 반격 속에 치러진 11월 본선은 초접전 예상과 달리, 트럼프 312명 대 해리스 226명이라는 압도적인 선거인단 차이로 트럼프의 승리로 끝났다.

사전 예상보다 격차가 컸던 이유는 '스윙 스테이트(Swing State, 경합주)'를 트럼프가 싹쓸이했기 때문이다. 민주당 텃밭인 '블루 스테이트', 공화당 텃밭인 '레드 스테이트' 외에 승패의 열쇠를 쥔 펜실베이니아, 네바다 등 대부분의 경합주가 이번엔 붉게 물들었다.

단, 지도가 새빨갛게 변했다고 해서 공화당이 민주당보다 압도적인 지지를 받았다고 단정하는 것은 성급하다.

대선과 동시에 치러진 연방의회 선거에서도 공화당이 과반을 차지하긴 했다. 하지만 하원은 공화당 220석 대 민주당 215석으로 초접전이었고, 상원도 공화당 53석 대 민주당(무소속 포함) 47석으로 비교적 근소한 차이였다. 즉, 이번 트럼프의 승리는 공화당에 대한 지지라기보다 다른 요인에서 찾아야 한다.

해리스 민주당 후보가 패배한 세 가지 이유

그렇다면 왜 미국 국민은 트럼프를 선택했을까?

첫 번째 요인은 바이든의 사퇴 타이밍이다. 7월에야 사퇴했으니 민주당 내에서 제대로 된 경선을 치를 시간이 없었다. 결국 바이든이 지명한 해리스가 전당대회에서 추대되었지만, 치열한 경선 검증을 거치지 않았기에 당원들의 결속을 다지지 못했다.

두 번째 요인은 바이든의 노쇠한 모습이다. 6월 TV 토론회에서 말을 더듬고 멍한 모습을 보인 것은 치명적이었다. 이는 유권자들에게 매우 나쁜 인상을 심어주었고, 실제 사퇴의 방아쇠가 되었다.

말투뿐만이 아니다. 바이든은 임기 4년 내내 정책적으로 어정쩡한 태도를 보였다. 예를 들어 우크라이나 전쟁에서 장거리 미사일을 지원하면서도 러시아 본토 공격은 제한했다. 막대한 돈을 쏟아붓고도 전쟁을 끝내지 못하고 지지부진하게 끌었다. 가자 지구 문제도 마찬가지다. 이스라엘의 비인도적 행위가 문제시되었지만, 폭주하는 네타냐후 총리를 제지하지도, 그렇다고 화끈하게 지원하지도 않았다. 모든 게 어정쩡했다.

후계자 해리스도 마찬가지였다. 연설은 꽤 잘했지만 부통령으로서 내세울 실적이 전무했다. "나는 이런 성과를 냈다"고 말할 게 없었다.

그에 비해 트럼프는 '예스(Yes)'와 '노(No)'가 분명했다. 발언 내용은 엉터리일지언정, 민주당 두 사람의 애매모호함에 지친 유권자들에게 그의 거침없는 태도는 오히려 매력적으로 비쳤다.

세 번째, 가장 결정적인 요인은 '인플레이션'이다. 1기 트럼프 행정부 때인 2020년 인플레이션율은 1.25%였으나, 바이든 취임 후 2021년부터 4.68%, 7.99%, 4.13%로 3년 연속 고공행진을 했다. 급여가 오른 사람도 있지만 소득 상위 5~10%를 제외하면 실질 혜택은 없었다. 특히 하위 50% 서민들은 월급이 올랐어도 물가 상승폭을 따라잡지 못해 생활이 더 팍팍해졌다.

트럼프는 이들을 향해 "4년 전이 더 좋지 않았습니까?"라고 물었고, "그렇다!"라고 느낀 민주당 지지층인 하위 50% 상당수가 트럼프 지지로 돌아섰다.

인플레이션이 닥치면 여당이 선거에서 고전하는 것은 세

게 공통이다. 일본도 디플레이션에서 벗어난 순간, 2024년 총선에서 자민당이 대패했다. 국민민주당이 약진한 배경에도 '연봉 103만 엔의 벽'이라는 생활고 문제가 있었다. 미국만큼 심하지 않은 일본에서도 이런데, 미국 유권자들이 당파가 아닌 '먹고사는 문제'로 투표한 것은 어찌 보면 당연하다.

종합하면 이번 대선은 트럼프의 승리가 아니라 바이든-해리스 콤비의 자멸이다. 득표수만 봐도 2020년 바이든은 8,128만 표였으나 이번 해리스는 약 7,464만 표로 600만 표 이상 잃었다. 반면 트럼프는 7,422만 표에서 7,701만 표로 약 300만 표 늘었을 뿐이다. 트럼프의 압승이라기보다 민주당의 실책 덕분에 대통령이 된 셈이다.

'예스맨'과 '광대'들, 제2기 트럼프 내각의 위험한 면면

문제는 2025년부터다. 1월 20일 출범할 제2기 트럼프 행정부 각료들의 면면이 가히 충격적이다. 보건복지부 장관 내정자 로버트 케네디 주니어는 위험 인물이다. 대표적인 백신 회의론자로 소아용 백신 접종 폐지까지 주장했다. 노벨상 수상자 77명이 반대 서한을 보낸 것도 무리가 아니다.

법무부 장관에 기용하려 했던 맷 게이츠 전 하원의원은 아동 성매매 의혹이 있는 인물이다. 엡스타인 사건 연루 의혹이 있는 트럼프는 개의치 않았을지 모르나, 공화당 내부 반발로 결국 팸 본디 전 플로리다주 검찰총장으로 교체되었다.

그 외에도 프로레슬링 단체(WWE) 전 대표 린다 맥마흔이 교육부 장관에, 주 방위군 소령 출신으로 3군 통솔 경험이 전무한 피트 헤그세스가 국방부 장관에, 보수 방송 폭스(FOX)뉴스 진행자 숀 더피가 교통부 장관에 지명되었다.

이처럼 차기 내각은 트럼프의 '복제 인간(클론)'들로 채워졌다. 이는 트럼프가 1기 때의 '실패'에 진저리가 났기 때문이다. 1기 때는 제임스 매티스 국방장관 등 전문가들을 기용했으나, 그들은 트럼프의 폭주를 막는 브레이크 역할을 했다. 진짜 전문가일수록 트럼프와 일하는 것을 견디지 못했다. 매티스 장관은 퇴임 후, 트럼프가 핵무기에 대해 너무 무지해 가짜 핵 버튼을 쥐어줬다고 폭로하기도 했다.

그래서 이번에는 '미니 트럼프'들로만 각료를 채운 것이다. 각료가 자신의 복제품이라면 트럼프는 아무것도 안 해도 된다. 자는 동안에도 그들이 알아서 트럼프 입맛대로 처리해줄 테니까. 하지만 국민 입장에서 보면, 브레이크 없이 액셀만 밟는 이 정권은 시한폭탄과 같다. 이 명단은 백악관 각료라기보다, 플로리다 마러라고 리조트 파티 초대 명단에 더 어울린다.

일론 머스크와 대립할 날이 멀지 않았다

유일하게 트럼프에게 직언할 수 있는 인물이 한 명 있다.

신설된 '정부효율부(DOGE)' 장관에 취임할 일론 머스크다. (역주: 2025년 1월 20일에 DOGE 조직이 공식적으로 설립되었고 머스크는 '특별 정부직원'-special government employee 신분으로 역할을 수행하며 정부효율부 업무를 시작했지만 그 후, 트럼프와의 불화로 인해 2025년 5월 말 DOGE 수장으로서의 특별공무원 임기가 끝나면서 공식 정부 직책에서 물러났다.) 원래 민주당 성향이었던 머스크는 페이팔 창업자 피터 틸의 소개로 트럼프와 가까워졌고, 이번 대선에서 전폭적인 지원을 아끼지 않았다.

하지만 머스크는 트럼프에게 심취해서 따르는 게 아니라, 자신의 흥미와 이익을 위해 '이용 가치'가 있어 따를 뿐이다. "대통령도 이용 가치가 있어야 한다"는 고집 센 그가 트럼프에게 고분고분할 리 없다. 언젠가 충돌은 필연적이다. 머스크의 합류는 폭주하는 차에 브레이크를 단 게 아니라, 제트 엔진을 하나 더 단 격이다.

머스크는 연방 예산을 연간 5,000억 달러(약 78조 엔) 이상 삭감하겠다고 공언했다. 그러나 정부 지출을 무리하게 줄이면 행정 서비스 악화와 실업률 급등이라는 부메랑을 맞게 된다.

필자가 미국 유학 시절 겪은 일이다. 길에서 주운 20달러를 경찰서에 가져갔더니 경찰관이 "당신이 주웠으니 당신 거다. 필요 없으면 내가 갖겠다"며 자기 주머니에 넣었다. "땅에서 파낸 광물처럼 주운 사람이 임자"라는 식이었다. 분실자가 찾으러 올 확률이 낮으니 귀찮은 일 만들기 싫다는 태도였다. 지방 경찰도 이 정도인데 연방 공무원들의 마인드라고 다를까. 비용을 줄여 생산성을 높이겠다는 발상은 애초에 통하지 않는 곳이 관료 사회다.

관세 폭탄과 인플레이션: 미국 서민의 삶은 더 팍팍해진다

행정 서비스가 나빠져도 인플레이션만 잡히면 좋겠다는 유권자도 있을 것이다. 그러나 이번 정권은 정반대로 인플레이션에 기름을 부을 우려가 크다.

트럼프는 멕시코와 캐나다 수입품에 25%, 중국산에 10% 추가 관세를 부과하겠다고 으름장을 놓고 있다. 국내 제조업을 보호하겠다는 명분이지만, 미국은 이미 제조업 기반을 잃어 관세를 높여도 수입에 의존할 수밖에 없다. 관세는 수출 기업이 아니라 수입하는 미국 기업이 내는 것이고, 그 돈은 결국 소비자 가격에 전가된다. 물가는 자연히 오를 수밖에 없다.

바이든과 해리스는 인플레이션을 잡지 못했다. 트럼프 역시 국민에게 필요한 정책이 아니라 자기만족을 위한 정책을 고집한다면 똑같은 전철을 밟게 될 것이다. 앞으로 4년, 미국 서민들의 삶은 틀림없이 더 고통스러워질 것이다.

결론

　트럼프의 재선은 민주당의 자멸 덕분일 뿐, 장밋빛 미래를 약속하지 않는다. 제2기 트럼프 정권은 '예스맨' 각료들과 함께 폭주할 위험이 크다. 무모한 관세 정책은 제조업 부활은커녕 인플레이션을 악화시킬 것이며, 행정 서비스 저하로 국민 삶의 질은 떨어질 것이다. '부활'을 꿈꾸며 트럼프를 선택한 미국이, 오히려 쇠퇴의 비탈길을 굴러 내려갈 위험성은 매우 높다.

용어

스윙 스테이트(Swing State)

　미국 대선에서 민주당이나 공화당 어느 쪽도 확실한 우위를 점하지 못해 선거 때마다 지지 정당이 그네처럼 오락가락하는 '경합주'. 미국 대선은 주별 승자가 선거인단을 독식하는 승자독식제라, 경합주의 승패가 전체 대선 결과를 좌우한다. 대표적으로 펜실베이니아, 위스콘신, 미시간(러스트 벨트)과 조지아, 애리조나, 네바다(선 벨트) 등이 꼽히며, 후보들은 이곳에 자금과 유세를 집중한다.

일론 머스크(Elon Musk)

　테슬라(전기차), 스페이스X(우주 개발), xAI(인공지능) 등을 이끄는 세계적 기업가. 트위터를 인수해 'X'로 사명을 바꾸고 영향력을 확대했다. 2024년 대선에서 트럼프를 전폭 지원하며 킹메이커로 떠올랐고, 2기 행정부에서 신설된 '정부효율부(DOGE)' 수장을 맡아 연방 예산 삭감과 규제 개혁을 주도할 예정이다. (역주: 실제로 '정부효율부(DOGE)' 수장을 맡아 연방 예산 삭감과 규제 개혁을 주도했지만 트럼프 대통령과의 불화로, 2025년 5월 말 DOGE 수장으로서의 특별공무원 임기가 끝나면서 공식 정부 직책에서 물러났다.) 기술 혁신과 괴짜 행보로 끊임없이 화제를 몰고 다니는 인물이다.

트럼프 대통령과의 불화로, 2025년 5월 말 DOGE 수장으로서의 특별공무원 임기가 끝나면서 공식 정부 직책에서 물러났다.) 기술 혁신과 괴짜 행보로 끊임없이

화제를 몰고 다니는 인물이다.

16장

트럼프의 패권주의와 독선, 그 폭주를 멈출 자는 누구인가?

2024년 11월 대선 승리로 백악관에 복귀한 도널드 트럼프. 제2기 트럼프 행정부는 출범 전후부터 타국의 주권을 노골적으로 무시하는 '패권주의'를 드러내며 세계를 긴장시키고 있다. 이제 그 누구도 그의 폭주를 막을 수 없는 것일까?

최북단 요충지 '그린란드'에 눈독 들이는 속내

2025년 1월 20일, 도널드 트럼프가 제47대 미국 대통령에 취임했다. 나는 트럼프를 좋아하지 않지만, 단기적으로는 세계 정세가 긍정적인 방향으로 흘러갈 가능성이 있어 마음이 복잡하다.

미국의 지정학 리스크 분석 회사 '유라시아 그룹'을 이끄는 정치학자 이안 브레머는 매년 세계 10대 리스크를 발표한다. 2025년 1위는 '심화하는 G제로(G-Zero) 세계의 혼미'였다. 과거 국제 질서는 G7이나 G20 같은 국가들이 주도했지만, 트럼프는 '미국 우선주의(America First)'를 내세우며 '세계의 경찰' 역할을 포기할 것이다. 따라서 세계는 리더가 없는 'G제로' 상태가 더욱 심화할 것이라는 예측이다.

하지만 유감스럽게도 브레머의 예측은 너무 낙관적이다. 트럼프는 대통령 취임 전부터 이미 'G1', 즉 자신이 세계의 유일한 패자인 양 행동하고 있기 때문이다.

대표적인 예가 2024년 12월 덴마크 자치령 그린란드에 대해 "국가 안보를 위해 미국이 소유해야 한다"며 매입 의사를 밝힌 사건이다. 그는 인수에 응하지 않으면 고율 관세를 부과하겠다고 으름장을 놓았고, 심지어 군사적 옵션까지 거론하며 덴마크를 위협했다.

미국 입장에서 그린란드는 확실히 탐나는 땅이다. 미국의

가상 적국 중 하나는 러시아다. 북극권 태평양 쪽에서는 알래스카가 러시아를 견제하는 요충지 역할을 하고 있다. 반면 북극권 대서양 쪽의 군사적 요충지가 바로 그린란드다. 실제로 미국은 1951년 덴마크와 협정을 맺고 그린란드 최북단에 피투픽 우주군 기지(구 툴레 공군 기지)를 운용하고 있다.

경제적 가치 또한 높다. 그린란드에는 아직 개발되지 않은 막대한 양의 희토류가 매장되어 있기 때문이다.

문제는 '누가' 개발하느냐다. 트럼프는 미국 내 약 1,100만 명의 불법 이민자에 대해 "미국 역사상 최대 규모의 강제 송환을 단행하겠다"고 공약했다. 실제로 취임 첫날 강제 송환에 관한 행정명령에 서명했다. 그러나 수백만 명을 물리적으로 쫓아내는 게 과연 가능할까?

불법 이민자들의 출신국 대부분은 정정이 불안해 이들을 다시 받아들일 여력이 없다. 난관에 봉착한 트럼프가 불법 이민자 일부를 그린란드에 보내 개발 노동력으로 활용하겠다는 꼼수를 부릴 가능성이 있다. 현재 그린란드 인구는 5만 7,000여 명에 불과하므로, 불법 이민자의 1%만 보내도 섬의 인구 구성과 분위기는 완전히 뒤바뀐다.

그러나 아무리 매력적인 땅이라도 마음대로 빼앗을 수는 없다. 무테 에게데 그린란드 자치정부 총리는 "그린란드는 매물이 아니다"라고 일축했고, 메테 프레데릭센 덴마크 총리도 매수 제안을 단칼에 거절했다. 만약 무력 충돌이라도 일어난다면 NATO 회원국끼리의 싸움이 되는 초유의 사태가 벌어진다.

캐나다와 멕시코를 능욕하는 패권주의

트럼프가 패권적 발톱을 드러낸 상대는 덴마크뿐만이 아니다. 2024년 11월, 트럼프는 SNS를 통해 캐나다와 멕시코에 25% 추가 관세를 부과하겠다고 밝혔다. 이후 트럼프의 사저인 플로리다 '마러라고'를 방문한 쥐스탱 트뤼도 캐나다 총리에게 그는 이렇게 말했다. "캐나다가 미국의 51번째 주가 되면 관세를 면제해주겠소. 어서 오십시오, 주지사님." 일국의 총리를 주지사 취급하며 속국 다루듯 하는 트럼프의 모욕에 트뤼도 총리는 아무런 대꾸도 하지 못했다.

25% 관세 폭탄의 또 다른 타깃인 멕시코에 대해서는 "멕시코만의 명칭을 '아메리카만'으로 바꾸겠다"고 선언했다. 농담인 줄 알았으나, 취임하자마자 명칭 변경에 관한 행정명령에 서명해버렸다. 역사와 국제 관례를 깡그리 무시하는 안하무인 격 행보다.

트럼프는 조 바이든과 카멜라 해리스라는 '약한 상대'의 실책 덕분에 선거에서 이겼을 뿐이다. 그런데 그의 머릿속에서는 자신이 이미 세계의 지배자가 된 듯하다. 이토록 전방위적으로 타국의 주권을 짓밟는 지도자는 나폴레옹이나 히틀러 이후 처음이다.

더 한심한 것은 트럼프의 폭거에 대해 미국 언론과 지식인들이 침묵하고 있다는 점이다. 인류가 피 흘려 쌓아 올린 '주권 국가(Sovereign State)' 개념이 무너지고 있는데도 공개적으로 비판하는 목소리가 들리지 않는다.

반(反)트럼프의 선봉이었던 뉴욕타임스는 얌전해졌고, 노엄 촘스키, 로버트 라이시, 폴 크루그먼 등 저명한 석학들도 초기에는 비판했으나 지금은 입을 다물었다.

이런 상황의 배후에는 'X(구 트위터)'의 소유주 일론 머스크가 있다. 머스크도 트럼프처럼 독일 극우 정당 AfD 당수와 만나거나, 영국 키어 스타머 총리를 비판하며 우파 정당 '리폼 UK'를 지원하겠다고 발언하는 등 타국 정치에 개입하고 있다.

머스크는 자신의 SNS를 통해 주장을 전파하고, 추종자들은 포퓰리즘에 경종을 울리는 언론인이나 학자들을 무차별적으로 공격한다. 이에 질려 모두 침묵을 택한 것이다. 미국의 공론장은 SNS 여론을 등에 업은 광신도들에게 장악당했다.

우크라이나의 '강요된 평화': 트럼프식 해법은 성공할까?

아이러니하게도 트럼프의 횡포가 일시적으로 세계에 평화를 가져올 가능성은 있다. 우선 우크라이나 전쟁이다. 바이든 전 대통령은 재임 중 아무것도 해결하지 못했다. 우크라이나를 지킬 생각이었다면 미군을 파병했어야 했고, 전쟁을 멈추려 했다면 휴전 협상에 나섰어야 했다. 그러나 바이든이 한 일은 무기를 보내 미국 군수산업의 배만 불려준 것이었다.

트럼프는 우크라이나에 대한 무기 지원을 끊고 젤렌스키 대통령을 외면할 것이다. 동기는 '돈이 아까워서'겠지만, 미국의 지원이 끊기면 우크라이나는 결국 러시아에 양보하는 형태–민스크 협정 복귀, NATO 가입 포기 등–로 휴전을 받아들일 수밖에 없다. 우크라이나 입장에서는 억울하겠지만, 적어도 더 이상의 유혈 충돌은 멈출 것이다.

승리한 푸틴 러시아 대통령이 기세를 몰아 영토 확장에 나설 것이라는 우려는 기우다. 전쟁 장기화에도 러시아 경제가 버틴 것은 유가 고공행진 덕분에 인도와 중국에 원유를 팔 수 있었기 때문이다. 뒤에 설명하겠지만 트럼프 취임으로 유가는 하락한다. 따라서 러시아가 추가 도발을 감행할 경제적 여력은 사라진다.

'드릴 베이비 드릴': 에너지 가격 하락이 푸틴의 목을 조른다

유가가 떨어지는 이유는 두 가지다. 첫째, 중동 정세의 안정이다. 이스라엘과 하마스는 2025년 1월 15일부터 가자 지구에서 단계적 6주 휴전에 합의했다. 하마스는 이미 괴멸적 타격을 입었고, 레바논 헤즈볼라나 배후의 이란도 힘이 빠졌다. 인질이 석방되면 중동 정세는 안정된다. 우크라이나 휴전과 맞물려 지정학적 리스크가 해소되면 증산 효과로 유가는 내려간다.

둘째, 미국의 에너지 정책 전환이다. 트럼프는 바이든 시절의 에너지 규제를 철폐하고 석유와 천연가스 개발을 가속화할 방침이다. 취임사에서 "파고, 파고, 또 파라!(Drill, baby, drill!)"라고 외쳤듯, 파리협정을 탈퇴하고 기후 변화 대책을 무시할 것이다. 미국이 석유와 가스를 증산하면 유가는 하락할 수밖에 없다.

에너지 가격 하락은 자원 의존도가 높은 러시아 경제를 약화시켜 푸틴의 힘을 뺄 것이다. 동시에 미국 내 최대 골칫거리인 인플레이션 억제도 기대할 수 있다. 트럼프가 안하무인으로 행동함으로써 역설적으로 전쟁은 멈추고 사람들의 생활비 부담은 줄어드는 것이다.

단, 이는 단기적 현상일 뿐이다. 장기적으로는 부정적 영향이 훨씬 크다. 전 세계로 패권주의가 확산해 국제 질서가 불안정해질 것이고, 기후 위기를 방치한 대가로 자연재해 희생자는 급증할 것이다. 또한 트럼프가 수입품에 고율 관세를 부과하면 물가가 올라, 유가 하락으로 인한 인플레이션 억제 효과는 상쇄될 것이다.

트럼프 쇼크에 대처하는 최선의 전략

가장 이상적인 시나리오는 트럼프 행정부 덕분에 세계가 잠시 평화를 얻은 뒤, 트럼프가 조기에 퇴장하는 것이다. 트럼프는 78세로 역대 최고령 취임 대통령인 데다 식습관도 건강하지 않다. 또 지금은 밀월 관계인 머스크와도 언젠가 반드시 충돌할 것이다. (역주: 머스크는 5월 정권 이탈을 표명했다.) 임기를 다 채우지 못하고 자멸할 가능성도 배제할 수 없다.

세계 각국 리더들의 가장 현명한 선택은 트럼프와 거리를 두고 그가 자멸할 때까지 기다리는 것이다. 이시바 시게루 총리(당시)는 2025년 1월로 예정됐던 트럼프 회담을 미뤘다. 단순히 만나기 싫어서였을 수도 있지만, 만났다면 터무니없는 거래를 강요받았을 것이다. 뒤로 미룬 것은 현명한 판단이었다.

트럼프는 미국 역사상 보기 드문 문제아다. 세계 최강대국이 '가장 위험한 인물'에게 지배당하고 있다. 휘둘리지 않으려면 적당한 거리와 시간을 두고 냉정하게 대처해야 한다.

결론

트럼프 행정부하에서는 단기적으로 전쟁이 멈추고 유가가 하락해 생활이 안정되는 역설적 시나리오가 가능하다. 그러나 타국의 주권을 유린하는 패권주의와 기후 위기 방치는 장기적으로 세계를 더 큰 혼란에 빠뜨릴 것이다. 각국은 트럼프의 무례한 행동에 일희일비하지 말고, 거리를 둔 채 그의 자멸을 기다리는 것이 상책이다.

용어

그린란드(Greenland)

덴마크 자치령. 북극해와 대서양 사이에 위치한 세계 최대의 섬이다. 18세기 덴마크 식민지가 되었으나, 1953년 헌법 개정으로 덴마크 왕국의 일원이 되었고, 2009년 자치권이 대폭 확대되었다. 미군의 피투픽 우주군 기지가 있는 군사 요충지이자, 풍부한 희토류와 천연자원이 매장된 자원의 보고로 지정학적·경제적 가치가 매우 높다. 트럼프가 매입 의사를 밝혀 국제적 논란이 되었다.

소버린 스테이트(Sovereign State, 주권 국가)

일정한 영토, 국민, 정부를 갖추고 타국의 간섭 없이 독자적인 통치권을 행사하는 국가. 1648년 베스트팔렌 조약을 통해 "영토 내 통치권은 해당 국가가 독점한다"는 원칙이 확립되면서 근대 국제 질서의 기본 단위가 되었다. 트럼프의 '그린란드 매입'이나 '캐나다 주지사' 발언은 이 주권 국가의 대원칙을 무시하는 행태다.

포퓰리즘

기성 정치 엘리트나 제도를 기득권으로 규정하고 비판하며, '일반 대중(인민)의 뜻'만이 정당하다고 주장하는 정치 행태. 대중의 불만과 사회적 박탈감을 자극해 카리스마적 리더가 지지를 얻는 방식이다. 기존 정당 정치를 우회해 대중과 직접 소통하려 하며, 종종 민주주의 절차를 무시하거나 사회 분열을 조장하고 독재화될 위험성을 내포하고 있다.

17장

미국 제조업은 트럼프식 관세 강화로 부활할 수 있을까?

트럼프 행정부는 '미국 제조업 부활'을 내세우며 관세를 무기처럼 휘둘러 세계 경제를 혼란에 빠뜨리고 있다. 그러나 관세는 경제 이론을 무시한 어리석은 정책이며, 과거 역사를 봐도 효과가 없다는 것은 명백한 사실이다. 이런 상황에서 우리는 어떻게 대비하고 대응해야 할까?

1. 관세 전쟁에서 미국은 왜 중국에 무릎을 꿇고 창을 거둘 수밖에 없었는가?
2. 트럼프 관세는 왜 경제학적으로 근본부터 잘못된 정책인가?
3. 관세 장벽을 아무리 높여도 미국 제조업이 부활할 수 없는 구조적 이유는 무엇인가?

용어

트럼프 관세, 매그니피센트 7(The Magnificent Seven),
미일 무역 마찰

논점

미국과 중국의 '치킨 게임', 승자는 이미 정해져 있었다

트럼프 행정부가 관세 정책으로 세계를 뒤흔들고 있다. J.D. 밴스 부통령은 관세 조치에 대해 "글로벌리스트 경제에 대한 해독제"라고 치켜세웠다. 전 세계 베스트셀러 《보더리스 월드(Borderless World)》의 저자이자 '원조 글로벌리스트'인 나로서는 도저히 흘려들을 수 없는 발언이다. 이번 기회에 트럼프의 관세 정책이 얼마나 어리석은 것인지 철저하게 해부해보겠다.

2025년 4월 5일, 트럼프는 모든 국가와 지역을 대상으로 일률적인 10% 관세를 발동했다. 이어 9일부터는 무역 적자가 큰 국가에 '상호 관세(상대국과 동일한 관세율 적용)'를 부과하겠다고 발표했다가, 실시 직전 방침을 바꿨다. 보복 조치를 하지 않는 국가에 대해서는 상호 관세 발동을 90일간 유예한다는 것이다. 그러면서 중국은 이 유예 대상이 아니라며 대중 관세를 145%까지 인상해 굴복시키려 했다.

그러나 중국은 철저한 항전 태세를 보이며 하루 만에 대미 관세 125% 보복 조치를 발표했다. 그러자 트럼프의 기세가 꺾였다. 중국 의존도가 높은 스마트폰 등 전자기기를 상호 관세 대상에서 제외하라는 국민적 압박도 거셌다. 급기야 5월 9일에는 "중국에는 80%가 타당할지도 모른다"며 근거도 없이 입에서 나오는 대로 말을 바꾸기 시작했다.

트럼프가 이 치킨 게임에서 꼬리를 내린 결정적 이유는 중국이 쥔 '미국 국채 매각'이라는 히든카드 때문이다. 2025년 2월 기준 중국은 7,843억 달러 규모의 미국 국채를 보유하고 있다. 이는 세계 2위 규모로, 중국이 미 국채를 대량 매도(투매)하면 미국 금리는 급등하고 경제는 낭패를 보게 된다.

실제로 상호 관세 발표 직후 미 국채 매도세가 이어지며 금리가 한때 4.5%까지 치솟았다. 주가가 하락하면 안전자산인 채권을 사는 게 금융 상식이지만, 이번엔 달러 가치까지 떨어지는 '트리플 약세'를 보이자 트럼프는 결국 창을 거둘 수밖에 없었다.

덧붙여 말하면 미국 국채 보유액 세계 1위는 일본으로 1조 1,259억 달러를 갖고 있다. 중국이 미 국채를 투매하면 그 불똥이 튀어 '가장 큰 피해자는 일본'이 된다는 점을 잊지 말아야 한다. 이번에는 가까스로 위기를 넘겼을 뿐이다.

'무역적자=악(惡)'은 트럼프 대통령의 착각

그래도 안심할 수는 없다. 트럼프와 그 측근들은 경제에 무지한 아마추어 집단이다. 미국 무역대표부(USTR)가 공개한 상호 관세 계산식은 엉터리 계수를 쓴 것이었고, 나중에 공개된 올바른 식에 따르면 일본에 대한 상호 관세는 당초 알려진 24%가 아니라 일률적인 10%만 적용되는 것이었다.

그런데도 트럼프 행정부는 여전히 반성하는 기색이 없다. 'MAGA(미국을 다시 위대하게)'를 외치는 트럼프의 핵심 지지층은 "관세가 나라를 번영으로 이끈다"는 그의 잘못된 논리를 여전히 맹신하고 있다. 리더나 지지자나 경제 문맹이기는 매한가지다.

트럼프는 미국의 거액 무역 적자를 가리켜 "미국이 착취당하고 있다"고 주장하지만, 그 전제부터 틀렸다. 무역 적자는 미국에 나쁜 것이 아니다.

세계 기축통화는 달러다. 미국 이외의 국가는 무엇인가 수입하려면 먼저 땀 흘려 수출해서 달러를 번 뒤에 대금을 치러야 한다. 하지만 미국은 다르다. 윤전기를 돌려 달러를 찍어내기만 하면 얼마든지 수입 대금을 마련할 수 있다. 전 세계에서 오직 미국만이 누리는 특권이다.

미국은 이 이점을 활용해 전 세계 최적지에서 거의 무관세로 값싼 물건을 들여와 자국 소비자에게 혜택을 줘왔다. '국경 없는 경제(Borderless Economy)'의 기본 이론(저비용 고효율 노동력이 있는 곳에서 좋은 재료를 들여와 조립한 뒤, 가장 비싸게 팔리는 시장에 내다 팔아 이익을 극대화한다)을 실천하는 데 있어, 달러를 무한정 찍어낼 수 있는 미국이 주저할 이유는 없다. 사실 이 승리 방정식을 통해 미국 경제는 안정적으로 번영해왔다.

관세를 인상하더라도 제조업은 미국으로 돌아오지 않는다

미국의 번영은 기업 시가총액만 봐도 알 수 있다. 현재 전세계 상장사 시가총액의 약 절반은 미국 기업이 차지한다. 상위권 기업들도 대부분 미국 기업이다. 약 30년 전에는 세계 시가총액 톱 10 중 7개가 일본 기업이었지만, 지금은 8개가 미국 기업이다. 워런 버핏의 버크셔 해서웨이를 제외한 7개사(애플, 엔비디아, 마이크로소프트, 아마존, 구글, 메타, 테슬라)는 '매그니피센트 7'이라 불리며 세계 시장을 석권하고 있다.

이런 명백한 사실을 두고도 "미국은 세계에 착취당하고 있다"고 말하는 건 어불성설이다. 다른 나라 입장에서 보면 오히려 미국 경제가 21세기형 디지털 경제로 너무 빨리 전환해 지나치게 강력한 것이 문제다.

"돈을 버는 건 일부 빅테크 기업뿐이고, '러스트 벨트(쇠락한 공업지대)' 노동자들은 일자리를 잃고 가난해졌다"고 반박하는 지지자들도 있을 것이다. 하지만 과거 제조업 종사자들이 고통받는다면 그것은 '교육'과 '재분배'의 문제다. 트럼프는 국내의 분배 문제를 정치적으로 해결하지 못하고, 그 책임을 만만한 외국 제조업에 떠넘기려 하고 있다. 분별력이 없어도 너무 없다.

미국 경제의 이런 구조를 무시하고 관세만 올린다고 제조업이 부활할 리 없다. 우선 물건을 만들려고 해도 '사람'이 없다. 예를 들어 애플 아이폰은 대만 훙하이가 중국 정저우나 청두 등지에서 수십만 명의 노동자를 동원해 생산한다. 그 일부를 미국으로 가져온다 해도, 수만 명의 블루칼라 노동자를 한곳에 모을 수 있는 도시는 미국 어디에도 없다.

설령 노동자를 모은다 해도 채산이 맞지 않는다. 특히 북부 지역은 노조가 강해 블루칼라 시급이 약 4,000엔(약 3만 6천 원), 연봉 1억 원이 넘는다. 이 인건비를 제품 가격에 반영하면 아이폰 한 대 가격은 3,000~4,000달러(약 400~540만 원)가 될 것이다. 이 가격으로는 경쟁력이 없어 애플은 금세 망하고 말 것이다.

해외 생산 중인 미국 기업 경영자들은 이 사실을 너무나 잘 알기에, 관세가 올라도 공장을 미국으로 옮길 생각이 추호도 없다. 어차피 관세 정책은 일시적이며 정권이 바뀌면 원상복구된다. 제정신인 경영자라면 한번 지으면 쉽게 뺄 수도 없는 공장을, 막대한 돈을 들여 미국 내에 짓는 모험 따윈 하지 않는다. 차라리 트럼프의 호통을 4년 동안 참고 견디는 쪽을 택할 것이다.

역사가 보여주는 미국 제조업의 쇠퇴

지금까지 설명했듯 트럼프 행정부의 관세 인상은 논리적 모순덩어리이며 미국 제조업 부활 효과도 전무하다. 진짜 '해독제'가 필요한 건 이 엉터리 정책을 맹신하는 트럼프와 지지자들이다.

이번 관세 정책이 난센스라는 사실은 미일 무역 마찰 40년 역사를 돌아보면 명백하다. 1라운드는 1955년 시작된 섬유 협상이었다. 이후 합판, 컬러TV, 철강, 자동차, 반도체 등이 차례로 도마 위에 올랐다. 결말은 다양했지만, 개중에는 높은 관세나 수량 규제를 부과받은 품목도 있었다.

하지만 결과를 보라. 그 후 미국에서 부활한 산업이 하나라도 있는가? 단 하나도 없다. 이것이 냉혹한 현실이다.

미국에는 한때 '제니스 일렉트로닉스'라는 TV 회사가 있었지만, 일본세에 밀려 멕시코로 공장을 옮겼다가 결국 한국 LG에 인수된 뒤 역사 속으로 사라졌다. 현재 일본제철 인수 문제로 시끄러운 US스틸도 경영 상태는 엉망이다. 경쟁력을 잃은 산업을 관세로 억지로 보호하려 해도 결국 지켜내지 못하는 법이다.

미국과 일본의 인구가 다르기 때문에 무역 불균형은 당연하다

나는 과거 미일 무역 마찰을 논의하는 국제회의에 일본 측 패널로 자주 참석했다. 당시만 해도 미국 측에 말이 통하는 인물들이 있었다. 1977년부터 1988년까지 주일 대사를 지낸 마이클 맨스필드도 그중 한 명이었다.

"미국인은 일본 제품을 많이 사는데, 일본인은 미국 제품을 사지 않습니다. 대일 적자가 느는 건 일본이 불공정하기 때문입니다." 미국 측의 전형적인 주장을 펴는 맨스필드 대사에게 나는 이렇게 반박했다.

"미국 인구는 약 2억 4,000만 명(당시)입니다. 미국인이 일본 제품을 1인당 1달러어치 사면 일본은 2억 4,000만 달러를 법니다. 반면 인구 1억 2,000만 명인 일본인이 미국 제품을 똑같이 1달러어치 사도 미국 수입은 1억 2,000만 달러에 불과합니다. 애초에 인구 규모가 다르니 1억 2,000만 명분의 불균형이 생기는 건 수학적으로 당연한 현상 아닙니까?"

그러자 맨스필드 대사는 고개를 끄덕였고, 이후에는 일본 측 입장을 이해하고 미국 본국을 설득하는 데 도움을 주기도 했다.

유감스럽게도 현재 트럼프 행정부에는 미일 무역 마찰의 역사를 아는 사람도, 이런 간단한 산수를 할 줄 아는 사람도, '공정함'의 의미를 이해하는 사람도 없다.

더 한심한 건 일본 측에도 미일 통상 교섭의 역사를 꿰뚫고 있는 정치인이나 관료가 없다는 점이다. (이 문제에 관해서는 유튜브 'Aoba-BBT 비즈니스 채널'의 특별 공개 영상 '미일 무역 협상 40년의 역사와 트럼프 관세'에서 내 견해를 상세히 밝혔으니 참고하기 바란다.)

　일본 기업은 미국에 숱하게 시달려왔다. 그 때문에 쇠퇴한 산업도 있지만, 자동차처럼 맷집을 키워 살아남는 기술을 터득한 산업도 있다. 이번에도 당황할 필요 없다. 물론 정면으로 반박해 트럼프의 심기를 건드리는 건 하책이다. 협상 테이블에 앉는 척하며 시간을 끄는 것, 그것이 일본이 취해야 할 최선이자 유일한 전략이며 역사의 교훈이다.

트럼프의 관세 정책은 경제 이론을 무시한 어리석은 도박이다. 미국 제조업 부활에도, 무역 불균형 해소에도 아무런 도움이 되지 않는다. 과거 미일 마찰의 역사가 증명하듯, 관세 장벽은 쇠락하는 산업을 지키지 못하고 오히려 혼란과 손실만 키울 뿐이다. 일본은 냉정하게 시간을 벌며 버티는 '지연 작전'으로 대응하는 것이 상책이다.

용어

트럼프 관세

트럼프 행정부가 중국이나 동맹국 수입품에 고율 관세를 부과하는 보호무역 정책. 미국 제조업 부활과 무역 적자 축소를 명분으로 내세우며, 상대국과 관세율을 동일하게 맞추는 '상호 관세' 등을 주장한다. 그러나 글로벌 공급망 혼란, 수입 물가 상승에 따른 인플레이션 등 경제적 부작용을 초래하며, 경제 효과보다는 지지층 결집을 위한 정치적 수단이라는 평가가 지배적이다.

매그니피센트 7(he Magnificent Seven)

미국 증시와 세계 경제를 주도하는 7대 빅테크 기업(애플, 마이크로소프트, 알파벳(구글), 아마존, 메타, 엔비디아, 테슬라)을 일컫는 말. 1960년대 서부 영화 〈황야의 7인(The Magnificent Seven)〉에서 따왔다. 압도적인 기술력과 자본력으로 시장을 지배하며 미국 경제의 강력함을 상징하는 존재들이다.

미일 무역 마찰

1970년대 후반부터 1990년대까지 일본산 섬유, 철강, 자동차, 반도체 등의 대미 수출이 급증하며 발생한 양국 간 통상 갈등. 미국은 무역 적자 해소를 위해 일본에 시장 개방과 수출 자율 규제, 수입 목표치 설정 등을 강하게 압박했다. 현재 미국의 견제 대상은 중국으로 옮겨갔지만, 대미 무역 흑자국에 대한 미국의 압박 기조는 여전히 유효하며 일본 경제 안보의 중요 변수로 남아 있다.

18장

트럼프의 '경제적 무지'가 빚은 희극, 세계는 언제까지 휘둘려야 하나?

일본제철의 US스틸 인수를 둘러싼 일련의 움직임은 미국의 보호주의 강화와 트럼프 대통령의 경제적 무지를 전 세계에 적나라하게 드러냈다. 정치적 의도가 시장을 왜곡하고 국제 질서를 흔드는 이 불합리한 역학에, 세계는 언제까지 휘둘려야 하는가?

1. 트럼프 행정부는 왜 보호주의를 방패 삼아 US스틸 인수를 막으려 했는가?
2. 일본제철은 경제적 합리성도 없는 US스틸을 왜 굳이 인수하려 했는가?
3. 세계는 경제 상식이 결여된 트럼프의 변덕스러운 정책에 언제까지 농락당해야 하는가?

US스틸, 파나마 운하, 윌리엄 매킨리(William McKinley)

바이든 정책을 뒤집는 트럼프가 유독
'US스틸 저지'만 계승한 이유

2025년 2월 7일, 당시 이시바 시게루 총리와 도널드 트럼프 대통령의 첫 미일 정상회담 후 공동 기자회견에서 트럼프는 일본제철의 US스틸 인수 계획에 대해 "인수가 아닌 고액의 투자로 합의했다"고 말했다. 이를 두고 일보 전진했다고 평가하는 시각도 있지만, 나는 트럼프의 경제·경영에 대한 무지가 여실히 드러난 것 같아 암담한 기분이다.

일본제철의 US스틸 인수 계획을 가로막은 것은 미국 2위 철강 기업 클리블랜드 클리프스(Cleveland-Cliffs)였다. 이 회사는 인수전에서 일본제철에 패한 데 앙심을 품고 전미철강노동조합(USW)을 끌어들여 인수 저지 로비를 벌였다. 마침 퇴임 전 성과가 절실했던 바이든 전 대통령도 "국가 안보와 핵심 공급망에 위험을 초래할 수 있다"는 명분을 내세워 인수 금지 행정명령을 발동했다.

트럼프는 취임 후 민주당 견제를 위해 바이든 정권의 정책을 줄줄이 뒤집는 행정명령을 쏟아내고 있다. 그러나 유독 US스틸 인수 문제만큼은 바이든의 기조를 답습했다. 미일 정상회담 후 전용기 안에서도 "US스틸은 세계 제일의 기업이었다. 그것을 다른 나라에 팔 생각은 없다"며 또다시 인수 불허 입장을 고수했다.

'강철왕'의 영광은 옛말, US스틸은 더 이상 위대하지 않다

트럼프는 큰 착각을 하고 있다. 그는 US스틸이 여전히 미국을 상징하는 특별하고 위대한 회사라고 생각하는 듯하지만, 현실은 전혀 그렇지 않다. US스틸은 1901년 '강철왕' 앤드루 카네기가 창업한 이래 세계 최고 철강 회사로 군림했다. 본사가 있는 피츠버그는 뿜어내는 매연 때문에 해가 가려져 '스모키 시티(Smoky City)'라 불릴 정도였다.

그러나 1970년대 이후 경쟁력을 잃고 쇠락의 길을 걸었다. 낡은 설비가 발목을 잡았다. 일본 등 해외 철강사들이 성장하는 동안 US스틸은 노후 공장을 보수하지 못해 잇달아 매각했다. 현재 US스틸의 조강 생산량은 세계 24위까지 추락했다. 미국 내에서도 뉴코어(Nucor), 클리블랜드 클리프스에 밀려 3위에 불과하다. 더 이상 미국을 대표하는 위대한 회사가 아니다.

그렇다면 세계 4위인 일본제철은 왜 몰락한 US스틸을 인수하려 했을까? 두 기업의 인연은 1970년대로 거슬러 올라간다. 당시 미일 무역 마찰로 철강이 타깃이 되며 수출 제한 조치가 내려질 위기였다. 이때 신일본제철(현 일본제철 전신) 초대 사장 이나야마 요시히로가 US스틸과 협의해 '트리거 가격(수입 가격이 기준 이하로 떨어지면 자동으로 관세 부과)' 제도를 도입했다. 정부 개입 전에 민간끼리 해법을 찾아 정치 문제화를 막은 것이다. 두 기업은 그때부터 끈끈한 관계를 유지해왔다.

일본제철의 딜레마: '의리'로 사는 부실기업, 탈출구는 있는가

냉정히 말해 이번 인수는 일본제철 입장에서 이득 될 게 없다. 유일하게 가치 있는 것은 아칸소주에 있는 전기로(EAF) 공장 정도뿐, 나머지 대부분을 차지하는 낡은 용광로는 짐덩어리다. 그런데도 약 2조 엔이라는 거금을 들여 인수하려는 것은 자사 성장보다는 US스틸을 '구제'하려는 성격이 짙다. 오랜 의리 때문에 외면할 수 없었던 것이다. 내가 경영진이라면 당장 손을 뗐을 것이다.

하지만 해결책이 없는 것은 아니다. 우선 일본제철은 US스틸 지분 49%만 보유한다. 나머지 49%는 블랙록, KKR, 베인 등 미국 펀드들이 갖게 하고, 2%는 US스틸에 남겨둔다.

사모펀드는 보통 3~5년 후 주식을 팔아 차익을 실현한다. 일본제철은 연 몇 퍼센트 수익을 보장하는 환매 조건을 걸고, 트럼프 퇴임 후 펀드 지분을 사들이면 된다. 남은 2%는 '스퀴즈 아웃(대주주가 소수 주주 지분을 강제 매수하는 것)'을 통해 확보하면 당초 계획대로 완전 자회사화할 수 있다.

아니면 클리블랜드 클리프스나 뉴코어를 먼저 인수한 뒤 US스틸을 합병하는 방식도 있다. 독점금지법 우려가 있지만, 장래성 있는 전기로 부문으로 좁히면 불가능하지 않다.

트럼프는 "매수가 아니라 투자라면 좋다"고 했지만, 이시바 전 총리와의 회담에서 언급된 '투자'의 의미는 모호하기 짝이 없었다. 본인도 잘 모르는 상태에서 분위기에 맞춰 내뱉은 말일 가능성이 높아 실무 선에서 융통성 있게 대응할 여지는 있다.

최악의 시나리오는 미국 정부가 '황금주(거부권이 있는 특별주식)'를 갖는 형태로 매듭지어지는 것이다. 돈 한 푼 안 내고 거부권만 쥐겠다는 심보다. 경영 개선에 필요한 구조조정 등 핵심 의사결정마다 정치적 판단으로 딴지를 걸 게 뻔하기 때문이다. (역주: 투자 확대 약속은 중장기 신호로 남았지만 단기 정책, 관세 합의로 직결되지는 않았다. 또, 트럼프 대통령이 황금주를 손에 넣은 상태도 아니다.)

파나마 운하 소동: 홍콩 기업을 중국 공산당으로 착각한 무지

트럼프가 비즈니스 실정에 얼마나 어두운지는 파나마 운하 대응에서도 드러난다. 파나마 운하는 개통 후 미국이 관리하다 1999년 파나마에 반환했다. 그 후 운하 양쪽 항구를 홍콩 항만 운영사 'CK허치슨홀딩스'가 운영하게 되자, 트럼프는 "중국이 파나마 운하를 장악했다"고 비판하며 통행료를 내리지 않으면 운하 반환을 요구하겠다고 시사했다.

어처구니없는 건 그가 CK허치슨을 중국 공산당의 앞잡이로 착각하고 있다는 점이다. 이 회사는 영국계 항만 운영사에서 출발한 허치슨 왐포아와 홍콩의 거대 디벨로퍼 청콩실업이 합병한 다국적 기업이다. 이를 중국 국영기업 취급하며 적대시하는 건 엄청난 무지다.

애초에 CK허치슨은 세계 5위권 항만 운영사로, 미국 본토에도 이 회사가 운영하는 항구가 수두룩하다. 안보 위협이 걱정된다면 파나마 운하보다 미국 앞마당부터 걱정해야 한다. 트럼프에게는 이런 기초적인 업계 지식조차 없다.

업계 지식뿐만이 아니다. 트럼프는 경제와 역사 인식도 엉망이라 일 처리가 순조롭지 않다. 그는 '관세'라는 단어를 밥 먹기보다 좋아한다. 3월 12일부터 철강·알루미늄에 25% 관세를 부과할 예정(역주: 미국 상무부와 관세청은 2025년 3월 12일부터 철강과 알루미늄 수입품에 대해 25% 관세를 적용한다고 공식적으로 안내했다)이고, US스틸에 대해서도 "관세 덕분에 완전히 활력을 되찾았다"고 자화자찬했다.

높은 관세로 경쟁력 없는 국내 산업을 보호한다는 발상은 16~18세기 유행했던 '중상주의'의 유물이다. 중상주의를 밀어붙이면 소비자는 비싸고 품질 나쁜 물건을 강제로 사야 한다. 피해는 거기서 그치지 않는다. 역사를 보면 중상주의 끝에는 식민지 제국주의나 블록 경제가 있었고, 그것이 제2차 세계대전을 초래했다.

그 반성으로 전후 세계는 GATT, WTO 등 자유무역 체제를 구축해왔다. 무역을 통한 상호 의존이 전쟁을 막는 안전장치이기 때문이다. 트럼프의 보호주의는 선배 세대가 피땀 흘려 쌓아 올린 전후 경제 안보 체제를 뿌리째 흔드는 짓이다.

가자 지구에 리조트를? 부동산 업자의 천박한 상상력

트럼프의 사고방식은 완전히 시대착오적이다. 100여 년 전 관세 정책을 폈던 윌리엄 매킨리 대통령부터 프랭클린 루스벨트의 블록 경제까지, 그 비극적 결말을 기억하지 못하는 듯하다. "관세란 얼마나 아름다운 말인가!"라며 자아도취에 빠져 북미 최고봉 데날리 산의 이름을 다시 '매킨리'로 되돌리겠다고 고집을 부릴 정도다.

그의 위태로운 역사 인식은 취임 후 행보에서도 드러난다. '국제 협조'를 생각한다면 유엔 사무총장을 만나 관계를 다져야 마땅하다. 하지만 트럼프가 한 일은 '국경', '국민', '헌법'이라는 주권 국가의 구성 요소를 힘으로 짓뭉개려는 시도뿐이었다. 가자 지구 팔레스타인인 강제 이주 발언이나, 우크라이나를 패싱하고 러시아와 직거래하려는 태도가 그 증거다.

트럼프는 제대로 된 역사 인식도, 경제·경영 지식도 없다. 오직 본업인 '부동산 개발업자'의 논리로만 세상을 본다.

팔레스타인 가자 지구 부흥에 관해 트럼프는 "가자는 '중동의 리비에라(휴양지)'가 될 것"이라고 말했다. 해변 리조트

화는 원래 사위인 재러드 쿠슈너의 아이디어였는데, 트럼프
가 여기에 보증수표를 날린 셈이다. 심지어 해변에 자신의 금
박 동상을 세우고 네타냐후 총리와 시가를 피우는 AI 영상을
SNS에 올리는 무신경함을 보였다.

우크라이나에는 군사 지원 대가로 매장된 광물 자원 채굴
권을 요구하고 있다. (역주: 실제로 몇 차례 논의와 제안은 있었지만 우
크라이나가 이를 거부하거나 수정 협상을 요구해 합의가 성립되지는 않
았다.) 덴마크 자치령 그린란드를 탐낸 것도 희토류가 목적이었
다. 트럼프의 모든 언행 기저에는 '좋은 땅을 싸게 사서 개발해
비싸게 판다'는 개발업자의 본능이 깔려 있다.

최악인 것은 그가 부동산 업자로서도 '이류'라는 점이다.
'트럼프 타워' 상당수는 남의 손에 넘어갔고, 요란하게 개장한
뉴저지 카지노 리조트는 파산했다. 항공 셔틀 사업도 인수 직
후 망했다.

미국은 경영 능력도, 정치 경험도 부족한 이류 부동산 업
자를 리더로 선택했다. 그 외상값을 지금 전 세계가 치르고 있
다. 트럼프의 늪에 빠지고 싶지 않다면 가능한 한 거리를 두는
게 상책이다.

결론

일본제철의 US스틸 인수는 경제적 합리성이 결여된 무리한 시도로, 오히려 짐이 될 가능성이 크다. 분할 보유 등 우회 전략을 통한 단계적 접근이 현실적이다. 경제 지식이 전무한 트럼프 행정부의 보호주의 장단에 춤추지 말고, 냉정하게 국익과 국제 질서를 우선순위에 두고 대응해야 한다.

용어

US스틸

1901년 앤드루 카네기의 철강 회사 등을 J.P. 모건이 주도해 통합 설립한 미국의 대표 철강 기업. 한때 세계 최대 기업이자 미국 산업화의 상징이었으나, 1970년대 이후 설비 노후화와 국제 경쟁력 약화로 쇠락했다. 현재 조강 생산량 세계 24위, 미국 내 3위로 밀려나 있으며, 일본제철의 인수 대상으로 올라 미일 양국의 정치적 쟁점이 되었다.

파나마 운하

중미 파나마 지협을 뚫어 태평양과 대서양을 잇는 운하. 1914년 개통 이래 미국이 관리하다 1999년 파나마에 반환했다. 최근 가뭄으로 인한 수위 저하 문제가 심각해지자, 운하 운영 주체는 저수지 건설 등 인프라 정비에 나서고 있다. 트럼프는 운하 양단 항구 운영권을 가진 홍콩 기업(CK허치슨)을 중국 공산당과 동일시하며 운하 반환 요구를 시사해 논란을 빚었다.

윌리엄 매킨리(William McKinley)

제25대 미국 대통령(1897~1901). 공화당 출신으로 강력한 보호무역주의자였다. '딩글리 관세법'을 통해 고율 관세 정책을 폈고 금본위제를 확립했다. 미국-스페인 전쟁을 승리로 이끌어 필리핀, 괌 등을 획득하며 미국을 제국주의 열강 반열에 올렸다. 트럼프가 롤모델로 삼으며 보호무역의 정당성을 찾는 역사적 인물이다.

19장

미국의 이란핵시설공격, 세계 지정학의 판을 어떻게 뒤집었나?

미국과 이스라엘의 이란 핵시설 공격은 중동뿐 아니라 중국, 러시아, 북한에도 강렬한 경고 메시지를 보내며 전 세계 지정학을 다시 썼다. '무력'이야말로 최종적인 억제력이라는 냉혹한 현실이 증명된 지금, 일본의 안전 보장 전략은 어떻게 재정의되어야 하는가?

1. 미국은 왜 이스라엘의 요청에 응해 이란 핵시설 공격을 감행했는가?
2. 이란 핵시설 파괴의 충격은 중국, 러시아, 북한에 어떤 억제 효과를 가져왔는가?
3. '유엔 의존'에서 벗어나야 할 일본은 안전 보장 전략을 어떻게 재구축해야 하는가?

벙커버스터(Bunker Buster), 노벨 평화상

'12일 전쟁'의 전말:
이스라엘의 초조함과 미국의 압도적 무력

2025년 6월 21일 심야, 미국이 이란 핵시설에 대한 대규모 공습을 단행했다. 피해는 막대했고, 같은 달 13일부터 이어지던 이스라엘과 이란의 '12일 전쟁'은 24일 정전 합의에 도달했다. 이 공습은 세계 지정학에 지각변동을 일으켰다. 과연 일본은 이 변화를 따라갈 수 있을지 불안한 마음이 든다.

이번 '12일 전쟁'의 배경에는 이란의 핵 개발이 있었다. 핵 개발을 추진하던 이란은 2015년 서방 국가들의 경제 제재 해제를 대가로 핵 개발 제한에 합의했다(JCPOA). 이 합의에는 미국, 영국, 독일, 프랑스, 중국, 러시아 등 6개국이 참여했으나, 2018년 제1차 트럼프 행정부 당시 미국이 탈퇴했다. 이에 따라 이란도 핵 개발을 다시 가속화했다.

합의가 완전히 파기된 것은 아니어서 국제원자력기구(IAEA) 사찰은 계속되었지만, 사찰이 제대로 작동하지 않자 이란은 우라늄 농축도를 60%까지 높여가고 있었다.

이스라엘은 초조했다. 사실상 핵보유국인 이스라엘은 이란이 핵무기를 완성하면 중동 내 유일한 핵우위를 잃게 된다. 그러나 이스라엘에는 지하 약 100m 깊이에 있는 이란의 핵시설을 완벽하게 파괴할 무기가 없었다. 그래서 베냐민 네타냐후 총리는 미국을 끌어들이기 위해 전쟁을 시작한 것이다.

사실 핵탄두를 만든다 해도 그것을 미사일에 실어 적지에서 터뜨리기는 쉽지 않다. 이스라엘은 프랑스 기술을 전수받아 핵무기를 완성했지만, 이란에 기술을 가르쳐줄 나라는 없다. 그런 점을 고려하면 이란의 핵무기 완성까지는 아직 시간적 여유가 있었다.

그러나 이란의 지원을 받던 팔레스타인 무장 정파 하마스는 거의 궤멸했고, 레바논의 시아파 무장 정파 헤즈볼라도 힘을 잃었다. 시리아 아사드 정권도 2024년 12월 무너졌다. 그러자 "이란을 칠 기회는 지금뿐이다"라고 판단한 네타냐후 총리가 공격을 감행한 것이다.

이에 미국도 호응했다. 미국은 베트남 전쟁 이후 군사 작전이 깔끔하게 성공한 적이 드물었다. 그러나 이번에는 이스라엘 정보기관 모사드로부터 받은 정보를 바탕으로 주도면밀하게 준비해 폭격을 성공시켰다.

미국이 자랑하는 지하 시설 타격용 폭탄 '벙커버스터(Bunker Buster)'는 지하 약 60m까지만 파괴할 수 있어, 더 깊은 곳의 중요 시설은 무사할 것이라는 분석도 있었다. 그러나 한 번이 아니라 두 번, 세 번 연달아 타격하면 지하 100m 이상도 파괴할 수 있다.

특히 주목할 점은 공중급유 작전의 성공이다. 당초 스텔스 폭격기는 미주리주 기지에서 괌으로 이동한 것으로 알려졌다. 하지만 이는 기만술이었고, 실제로는 미국 본토에서 이란으로 직접 날아가고 있었다. 이때 문제가 되는 것이 항속거리다. 벙커버스터는 한 발에 약 13톤이나 나가는데, 이를 두 발 탑재하면 항속거리가 짧아진다. 한 번에 이란까지 가려면 공중급유기를 띄워 도중에 은밀히 급유해야 하는데, 미국은 이 난이도 높은 작전을 보란 듯이 성공시켰다.

트럼프가 참전한 진짜 이유: '노벨 평화상'을 향한 쇼맨십

그건 그렇고, 미국은 왜 이스라엘의 위험한 권유에 응해 이란을 공습했을까? 가장 큰 이유는 '노벨 평화상'이다. 황당하게 들릴지 모르지만, 트럼프 대통령은 진심으로 노벨 평화상을 원한다. 그러기 위해서는 "내가 세계를 평화롭게 만들었다"는 극적인 연출이 필요했다.

연출 방법은 단순하다. 트럼프는 과거 리얼리티 쇼 〈어프렌티스(The Apprentice)〉의 진행자로 유명해졌다. 그 프로그램에서 그는 마지막 결정적인 순간에 등장해 "넌 해고야!(You're fired!)"라는 명대사를 날리며 쇼의 절정을 장식했다. 이번 12일 전쟁도 마찬가지로, 마지막 순간에 자신이 등장해 판을 정리하며 스포트라이트를 독점하려 했던 것이다.

이스라엘은 12일 전쟁 중 이란 혁명수비대 수뇌부를 포함한 요인들을 차례로 폭사시켰다. 아마 모사드는 최고지도자

하메네이의 거처도 파악하고 있어 언제든 제거할 수 있었을 것이다.

그 상황을 인지한 하메네이는 급히 고위 성직자 3명을 후계자 후보로 지명했다. 그중에 하메네이의 아들은 포함되지 않았다. 자신이 암살당하면 후계자인 아들까지 죽임당할 수 있다는 공포 때문에 아들을 명단에서 제외한 것이다.

그런데 트럼프는 이스라엘에 하메네이 암살을 중지시켰다. 인정 때문이 아니다. 벙커버스터를 떨어뜨리기도 전에 이란에서 '체제 전환'이 일어나버리면, 자신이 나설 무대가 사라지기 때문이다. 이번 미국과 이스라엘의 군사적 승리로, 앞으로 이란은 '이집트화'될 것으로 예상된다.

이란의 '이집트화':
반미의 기치가 꺾이고 실용주의로 돌아설 것인가

이집트는 제2차 세계대전 이후 아랍 세계의 맹주였고 이스라엘과도 첨예하게 대립했다. 그러나 네 차례에 걸친 중동전쟁에서 이스라엘에 철저하게 패배하면서 결국 반(反)이스라엘 깃발을 내릴 수밖에 없었다. 현재는 우호적이라 할 정도는 아니지만, 이스라엘이 이집트를 경유해 물자를 수출입하는 등 일반적인 국가 간 교류를 하고 있다. 이란이 이번 패배로 어디까지 체제 전환을 할지는 알 수 없지만, 적어도 과거 이집트처럼 반미·반이스라엘 정권을 고집스럽게 유지하지는 못할 것이다.

"미국과 이스라엘에 그런 모욕을 당했는데 이란이 가만히 있을 리 없다"고 생각하는 사람도 있겠지만, 일본도 태평양전쟁 중에는 '귀축미영(미국과 영국은 귀신과 짐승)'이라며 미국을 증오했으나, 전쟁에 패하자마자 친미 예찬으로 180도 바뀌었다.

아마 이란에서도 전후 일본과 비슷한 일이 일어날 것이다. 원래 이란은 팔레비 왕조 시절 친미 국가였다. 석유 덕분에 경제는 호조였고 민생도 넉넉했다. 미니스커트를 입은 젊은 여성이 거리를 활보할 정도였다. 그러나 서구적 생활은 이슬람 원리주의자들에게 타락으로 비쳤다. 그래서 1979년 호메이니가 이란 혁명을 일으켰고 국왕은 망명했다. 이후 미국 대사관 점거 사건이 터지며 양국 관계가 파탄 난 것이다.

이후 종교적 전체주의하에서 국민들도 반미 구호를 외쳤지만, 속으로는 풍요로웠던 왕정 시대를 그리워하는 사람도 많다. 이란 국민의 의식도 이집트화되는 과정에서 달라질 것이다. 또 "이번 핵 시설 파괴가 충분하지 않았다"는 분석도 있지만 상관없다. 무기 개발을 다시 가속한다면 또다시 벙커버스터가 떨어진다. 이란은 그런 파멸적 위험을 감수하지 않을 것이다.

변화하는 동아시아의 지정학

변화하는 것은 중동뿐만이 아니다. 이번 공습의 성공은 세계 지정학의 균형을 크게 흔들어놓았다. 우선 중국이 대만을 군사적으로 침공할 위험성은 낮아졌다. 중국군은 미국 항공모함 전단에 대한 대응책(A2/AD)을 확실하게 마련해왔다. 그러나 스텔스 폭격기가 은밀히 날아와 벙커버스터로 베이징 중심부(지휘부)를 타격하는 시나리오에 대한 대비는 취약하다. 지금부터 대비한다고 해도 시진핑 국가주석의 남은 임기 3년 안에 완벽한 방어망을 갖추기는 어렵다.

북한의 김정은은 지금쯤 사색이 되어 있을 것이다. 핵 개발을 멈추지 않는 북한에 대해 1차 트럼프 행정부는 최고지도자 김정은을 핀포인트로 제거하는 '코피 작전'을 입안한 적이 있다.

이번 이란 공습으로 미국이 언제든, 어디서든 '코피 작전'을 수행할 능력이 있음이 증명되었다. 1차 행정부 때는 트럼프가 북한과 대화하는 제스처를 취했지만, 2차 행정부인 지금은 여유가 넘치기 때문에 굳이 협상에 나서지 않을 수도 있다.

'유엔 신화'는 끝났다: 일본은 스스로를 어떻게 지킬 것인가

2025년 6월 취임한 한국의 이재명 대통령은 북한에 유화적인 입장이다. 그러나 그 자세를 지나치게 강조하면 한국 자신이 미국의 위협 대상으로 간주될 우려가 있어, 섣불리 움직이기 어려운 입장에 놓여 있다.

유럽에서는 러시아와 우크라이나 전쟁이 막을 내릴 가능성이 높다. 러시아는 이란으로부터 드론을 제공받아왔지만, 이스라엘이 이란을 공격할 때 아무런 지원도 하지 못했다. 푸틴 대통령은 이란의 처참한 상황을 보고 더 이상 욕심낼 처지가 아님을 통감했을 것이다.

한편 트럼프는 우크라이나에 대해 갑자기 방침을 바꿔 군사 지원을 하겠다고 나섰다. 이란 공격 성공에 이어 더 큰 '평화의 실적'을 올려 노벨 평화상을 거머쥐려는 트럼프의 속내가 엿보인다.

NATO도 방침을 변경할 수밖에 없다. 유럽 각국은 국제 협조주의를 표방하며 러시아의 위협 대응을 미국에 의존해왔다. 그러나 이번 사태로 IAEA와 유엔의 무능함이 드러나면서 '대화를 통한 평화'가 환상임이 증명되었다. "결국은 압도적 무력만이 문제를 해결한다"는 현실을 직시한 것이다.

NATO로서도 앞으로는 트럼프의 비위를 맞추며 만류하는 동시에, 미군이 떠날 경우를 대비해 자체 군비를 강화하는 '투 트랙' 전략을 취할 수밖에 없다. 6월 NATO 정상회의에서 국방비 지출을 2035년까지 GDP 대비 5%로 끌어올리겠다고 선언한 것도 그 일환이다.

　반면 일본은 여전히 '유엔 중심의 평화 외교', '미일 동맹 의존'을 국방의 기본 방침으로 삼고 있다. 그러나 대화를 통한 평화는 매우 취약하며, 동맹국인 미국은 트럼프라는 기분파 리더십 아래 있어 정말 위기 시에 일본을 지켜줄지 장담할 수 없다.

　이런 냉혹한 현실이 밝혀진 이상 일본은 중국, 한국, 러시아, 미국 등 각국과의 관계를 원점에서 재검토하여 외교·안보 전략을 재정의해야 한다. 하지만 이번 참의원 선거에서도 '퍼주기 공약'만 난무했을 뿐, 외교와 안보는 쟁점조차 되지 못했다. 일본이 거대한 지정학적 지각변동에서 뒤처져 있다는 점이 심히 우려스럽다.

미국과 이스라엘의 이란 핵시설 공격은 중동을 넘어 중국, 러시아, 북한까지 견제하며 전 세계 지정학의 판도를 바꿨다. 결국 무력이 최종적인 억제력이라는 현실을 직시하게 되었고, 유엔이나 IAEA의 무력함이 백일하에 드러났다. 일본도 유엔이나 미국에만 의존하는 수동적 외교에서 벗어나, 주체적인 안전 보장 전략을 재구축해야 할 절체절명의 국면에 서 있다.

용어

벙커버스터(Bunker Buster)

지하 깊은 곳에 있는 지휘소, 탄약고, 핵 시설 등을 파괴하기 위해 설계된 '지중 관통 폭탄'의 총칭. 특수 강화된 탄두가 고속으로 낙하해 두꺼운 콘크리트나 암반을 뚫고 들어간 뒤 목표 내부에서 폭발한다. 걸프전에서 처음 실전 사용되었으며, 이후 관통력을 비약적으로 높인 'GBU−57 MOP(Massive Ordnance Penetrator)' 등이 개발되어 전략폭격기에 탑재되었다. 군사적 효용성이 높지만, 지하 시설 파괴 시 발생하는 부수적 피해나 환경 오염 우려도 제기된다.

노벨 평화상

스웨덴 발명가 알프레드 노벨의 유언에 따라 1901년 제정된 국제적인 상. 국가 간 우호 증진, 군비 축소, 평화 회담 개최 등에 현저한 공로가 있는 개인이나 단체에 수여된다. 다른 노벨상과 달리 노르웨이 오슬로에서 시상식이 열린다. 시어도어 루스벨트, 우드로 윌슨, 버락 오바마 등 미국 대통령들과 사토 에이사쿠 일

본 총리 등이 수상한 바 있으며, 트럼프 대통령이 재임 기간 내내 강력히 갈망해

온 상이기도 하다.

20장

미·러 주도의 '강요된 평화', 우크라이나의 운명은 어디로 가는가?

우크라이나는 미국과 러시아가 주도하는 정전 협상 판에서 철저히 배제된 채 농락당하고 있다. EU나 NATO 가입의 꿈은 점점 멀어지고, 젤렌스키 대통령에게 남은 것은 트럼프의 변덕스러운 '거래' 제안뿐이다. 과연 우크라이나의 운명은 누구의 손에 의해 결정될 것인가?

논점

1. 우크라이나는 왜 미국과 러시아 주도의 정전 협상에서 발언권을 잃었는가?
2. 누가 우크라이나의 EU, NATO 가입을 방해하고 있으며, 그들의 최종 목적은 무엇인가?
3. 트럼프 주도의 '안보 거래'는 우크라이나에 어떤 암울한 미래를 안겨줄 것인가?

용어

희토류, 부다페스트 각서, 민스크 합의

백악관의 불협화음:
젤렌스키는 왜 트럼프와의 '거래'를 망쳤나

우크라이나와 러시아의 휴전 협상이 난항을 겪고 있다. 결정적인 원인 중 하나는 젤렌스키 대통령이 트럼프 대통령과의 직접 담판에서 저지른 치명적 실수다. 물론 트럼프 측에도 문제는 있지만, 정전 합의가 진척되지 않는 책임의 일부분은 젤렌스키의 미숙한 대응에 있다.

3년 이상 지속된 러시아의 우크라이나 침공은 트럼프가 백악관에 복귀하면서 정전 분위기가 급물살을 탔다. 분위기가 형성된 것은 2025년 2월이었다. 트럼프는 푸틴 러시아 대통령과 1시간 반 동안 통화하며 휴전 합의를 위한 호응을 얻어냈다. 이를 바탕으로 그는 젤렌스키를 백악관으로 불러 광물 자원 이권을 둘러싼 협상을 시도했다. 요컨대 "희토류 채굴권을 넘기면 내가 푸틴과 잘 이야기해주겠다"는 식의 제안이었다.

이대로 합의가 이루어졌다면 공은 트럼프와 푸틴에게 넘어가고, 우크라이나는 결과를 기다리기만 하면 되는 상황이었다. 그런데 젤렌스키는 미국 보수 언론 기자들과 J.D. 밴스 부통령의 도발에 그만 넘어가고 말았다.

이에 트럼프도 불같이 화를 냈다. "당신은 쥐고 있는 패가 없다", "당신은 이 나라(미국)에 대해 무례하게 행동하고 있다"

고 질책했고 협상은 결렬되었다. 전 세계에 생중계되는 공개 석상에서 국가 원수끼리 언쟁을 벌이는, 지극히 이례적인 외교 추태였다.

대통령으로서의 '역할'을 연기하지 못한 젤렌스키

내가 이를 '쇼'라고 칭한 이유는 보수 언론 기자나 밴스 부통령이 TV 카메라 앞에서 젤렌스키를 도발한 것이 트럼프의 사주임이 틀림없기 때문이다. 젤렌스키가 화를 내며 자리를 박차고 나가면 미국은 더 유리한 조건을 강요할 명분을 얻고, 반대로 순종하는 모습을 보이면 트럼프의 위엄이 산다.

젤렌스키는 미리 그 시나리오를 읽고 그 자리에서 이렇게 말했어야 했다. "미국의 지원에는 항상 감사드립니다. 우리는 사방이 막혀 있습니다. 만약 해결책을 가지고 계신다면, 모든 것을 대통령님께 맡기겠습니다. 제발 도와주십시오."

이렇게 전권을 위임하는 모양새를 취했다면 트럼프는 기분이 좋아져 푸틴에게 다시 전화를 걸었을 것이다. 그 결과 당장 정전 합의에 이른다는 보장은 없지만, 협상이 잘 안 풀리면 트럼프가 국제사회의 비판을 뒤집어쓰게 된다. 물론 합의에 이른다면 최상의 결과다. 젤렌스키는 그 기회를 발로 차버린 것이다.

사실 미국과 우크라이나 두 대통령에게는 공통점이 있다.

둘 다 정통 정치인 출신이 아니라 TV 출연을 계기로 정계에 진출했다는 점이다. 트럼프는 리얼리티 쇼 〈어프렌티스〉의 진행자로, 젤렌스키는 정치 풍자 코미디 〈국민의 일꾼〉에서 대통령 역을 맡아 스타덤에 올랐다.

이번 백악관에서 벌어진 촌극은 트럼프가 쓴 각본을 젤렌스키가 이해하지 못해, 자신에게 주어진 '약소국의 절박한 리더'라는 역할을 제대로 연기하지 못한 것이 원인이었다.

NATO 가입은 '그림의 떡': 자초한 전쟁, 예견된 영토 상실

냉정히 말해 러시아의 우크라이나 침공은 젤렌스키가 자초한 측면이 있다. 지지율이 떨어지자 당황한 나머지 무리하게 추진한 것이 EU와 NATO 가입 신청이었다. EU 회원이 되면 유럽 내 이동이 자유로워지므로, 해외 취업을 원하는 우크라이나 국민들의 표심을 노린 책략이었다.

이어 1994년 미국, 러시아, 영국이 맺은 '부다페스트 각서'에도 이의를 제기했다. 구소련 해체 후 우크라이나에 남은 대량의 핵무기를 포기하는 대신 3개국이 안전을 보장하기로 한 약속인데, 젤렌스키는 "러시아의 크림반도 병합은 우크라이나가 핵을 포기했기 때문"이라며 핵 무장을 시사하는 듯한 발언을 했다.

결정타는 '민스크 합의(역주: 우크라이나 동부 분쟁을 해결하기 위해 2014년과 2015년에 체결된 일련의 평화 협정으로, 우크라이나 정부와 친러 분리주의 세력 간의 분쟁을 잠정적으로 해결하려는 국제적 합의) 파기였다. 2014년 친러 무장세력이 우크라이나 동부 도네츠크, 루한스크 2개 주 일부를 점거하며 분쟁이 발발했다. 이듬해 러시아와 우크라이나는 독일, 프랑스 중재로 벨라루스 민스크에서 만나, 우크라이나가 이 2개 주에 자치권을 주는 조건으로 정전에 합의했다. 하지만 러시아의 실효 지배를 우려한 우크라이나는 합의 이행을 미뤘다.

그런 상태에서 젤렌스키가 "2개 주에 '특별한 지위'를 부여할 생각은 없다"고 공개 선언하자, 푸틴의 인내심이 한계에 다다라 전면 침공을 감행한 것이다.

러시아와 우크라이나 사이에 이런 경위가 있기에, 현재 진행 중인 휴전 협상도 민스크 합의와 유사한 수준에서 결론 날 가능성이 크다. 젤렌스키는 "2개 주는 물론 크림반도까지 되찾기 전엔 정전은 없다"고 버티지만, 이는 현실적으로 불가능하다.

현재 러시아군은 2개 주에 더해 자포리자주, 헤르손주의 절반을 점령하고 있다. 우크라이나군이 러시아 쿠르스크주 일부를 점령해 교환 카드로 쓴다 해도, 결국 드니프로강 동쪽은 러시아 소유가 될 공산이 크다.

젤렌스키는 NATO 가입을 승인받으면 사임하겠다고 하

지만, 이 역시 실현 가능성이 없다. 이번 전쟁으로 중립국이던 핀란드와 스웨덴이 NATO에 가입했다. 이는 푸틴에게 안보상 큰 실책이었기에, 우크라이나까지 서방 영향권에 들어가는 것을 그가 용인할 리 없다.

애초에 우크라이나의 NATO 가입에는 서방국들도 소극적이다. 가입 신청 40년이 넘도록 EU 문턱을 못 넘고 있는 튀르키예가 반대할 것이고, 트럼프는 NATO 탈퇴까지 시사하며 동맹을 경시하고 있다. 관련국 누구도 환영하지 않을 것이다.

정전 합의가 성립된다면 우크라이나는 민스크 합의 때보다 더 많은 영토를 잃고, EU나 NATO 가입도 좌절될 가능성이 높다.

트럼프가 '독재자'라 불렀듯 젤렌스키는 임기가 끝났음에도 대선을 치르지 않았다. 계엄령하에서는 선거를 할 수 없다는 법 때문이지만, 정전이 되면 선거를 치러야 한다. 전쟁 중 지지율이 올랐다 해도, 굴욕적인 조건으로 정전에 합의하면 재선은 어려울 것이다. 젤렌스키가 자신의 정치적 생명을 걸고 정전 협상에 임할 수 있느냐가 관건이다.

안보를 '거래'하는 트럼프: 희토류와 노벨상이라는 허영심

2025년 2월 미-우크라이나 정상회담 이후 주도권은 미국과 러시아로 넘어갔다. 백악관에서의 실수를 반성한 젤렌스

305

키가 저자세를 취했기 때문이다. 사우디아라비아에서 열린 미-러 협상에 우크라이나는 초대조차 받지 못했다. 우크라이나는 결정된 사항을 통보받고 수락하기만 하면 되는 처지다.

단, 트럼프의 호언장담에 비해 협상은 지지부진하다. 2025년 3월 말 기준 양국 에너지 시설 공격 금지, 흑해 안전 항행 합의 등 일부에 그쳤고, 그마저도 이행이 불투명하다. 트럼프가 푸틴에게 주도권을 뺏기고 있다는 인상이다.

트럼프는 정전 합의 대가로 우크라이나 동부의 희토류 채굴권을 요구하고 있지만, 사실 그 가치가 그리 높지는 않다. 희토류(Rare-Earth)는 이름에 'Rare(드문)'가 붙어 희소가치가 높아 보이지만, 실제로는 매장량이 적지 않다.

우크라이나 희토류는 그리 희귀하지 않다. 최대 생산국 중국을 제외하고도 미국, 브라질, 인도, 호주 등에 풍부하게 매장돼 있다. 채굴권을 얻어도 미국 기업들이 선뜻 나서지 않을 것이다. 이 사실을 깨닫고 '대가'가 없다고 판단하면, 철저한 비즈니스맨인 트럼프가 흥미를 잃을 수도 있다.

믿을 구석은 트럼프의 '허영심'뿐이다. 그는 입버릇처럼 "나는 노벨 평화상을 받을 자격이 있다"고 말해왔다. 노르웨이 노벨위원회가 당장 그에게 상을 줄 리 없지만, 그를 움직이게 하려면 '평화의 중재자'라는 타이틀을 쥐여주면 된다.

대만과 일본도 '거래' 대상이 된다: 트럼프 리스크의 본질

우크라이나는 당분간 트럼프에게 휘둘리겠지만, 일본 입장에서도 강 건너 불 구경할 때가 아니다. 트럼프는 2025년 3월 "우리는 일본을 지켜야 하지만 일본은 우리를 지킬 필요가 없다"며 미일 안보 조약이 불공평하다고 불만을 터뜨렸다. 이 논리라면 대만이나 일본에 긴급 상황(유사시)이 발생했을 때, 안보를 담보로 '딜(Deal)'을 걸어올 우려가 충분하다.

애초에 미일 안보 조약이 편무적인 것은, 미국이 만들어준 일본 헌법이 일본의 재무장을 금지했기 때문이다. 트럼프가 트집을 잡는 진짜 이유는 일본 방위비를 올려 미국 무기를 더 사게 하려는 속셈이다.

머릿속에 '손익 계산서'만 있고 역사나 동맹의 가치에는 무지한 트럼프 아래서 미일 동맹은 흔들릴 수밖에 없다. 캐나다나 멕시코의 반발, 관세 부작용에 트럼프가 주춤하는 모습을 보면 본인도 확신이 없는 듯하다. 따라서 지금은 트럼프를 자극하지 않고 거리를 두며 냉정하게 대처하는 것이 현명하다.

우크라이나는 정전 주도권을 잃었고, EU나 NATO 가입 길도 막힐 공산이 크다. 젤렌스키는 재선 희망을 접고, 미-러의 결정을 수용하는 대리인 역할에 머물 것이다. 우크라이나 앞에 놓인 것은 트럼프의 변덕스러운 거래 본능과 허영심에 운명이 좌우되는 불안한 미래뿐이다.

용어

희토류

란타넘(La), 루테튬(Lu) 등 17개 원소를 총칭하는 말. 스마트폰, 전기차 모터, 풍력 발전 터빈, 미사일 유도 장치 등 첨단 산업과 방위 산업의 필수 비타민이다. 매장량 자체는 적지 않으나 채굴과 제련 과정의 환경 오염 문제로 중국이 생산을 독점하다시피 했다. 최근 자원 무기화 경향이 강해지며 각국은 공급망 다변화에 사활을 걸고 있다. 트럼프가 우크라이나 지원의 대가로 노리는 핵심 자원이기도 하다.

부다페스트 각서

1994년 우크라이나, 벨라루스, 카자흐스탄이 구소련 붕괴 후 남겨진 핵무기를 포기하고 NPT(핵확산금지조약)에 가입하는 대가로, 미국·영국·러시아가 이들 국가의 독립과 영토 보전, 안보를 보장하기로 한 각서. 그러나 2014년 러시아의 크림반도 강제 병합과 2022년 전면 침공으로 휴지 조각이 되었다. 국제 사회의 안보 공약이 힘의 논리 앞에 얼마나 무력한지 보여주는 대표적 사례다.

민스크 합의

2014년 발발한 우크라이나 동부 돈바스 전쟁을 멈추기 위해 체결된 정전 협정. 2014년 9월(민스크 I)과 2015년 2월(민스크 II) 두 차례에 걸쳐 우크라이나, 러시아, 프랑스, 독일 정상이 합의했다. 즉각적인 휴전, 중화기 철수, 우크라이나 동부 지역의 자치권 확대 등을 담았으나, 양측의 위반과 해석 차이로 제대로 이행되지 못했다. 결국 2022년 러시아의 침공으로 완전히 파기되었다.

21장

중국 부동산 버블 붕괴, '2천조 엔 폭탄'은 터질 것인가?

중국 부동산 버블 붕괴는 일본의 20배 규모에 달하는 약 2,000조 엔의 부실채권 문제를 안고 있어 시진핑 정권을 뿌리째 흔들고 있다. 그 충격파는 일본 부동산 시장과 안보에도 미치고 있다. 과연 누가 이 거대한 위기를 수습할 수 있을까?

1. 중국 부동산 버블은 왜 무려 2,000조 엔 규모까지 팽창했는가?
2. '귀성(유령 도시)'과 미완성 주택 문제는 왜 부동산 시장의 회복을 가로막는가?
3. 중국 불황 장기화는 일본 부동산 시장과 안보에 어떤 파장을 몰고 올 것인가?

지방융자기구, 귀성

일본의 20배: '2천조 엔' 부실채권이 잠들어 있다

일본에서는 도시 지역을 중심으로 부동산 가격이 급등하고 있는 반면, 중국은 심각한 부동산 불황에 빠져 있다. 시진핑 국가주석에게는 이 위기를 통제할 능력도 기개도 없어, 중국 사회 불안은 걷잡을 수 없이 확산하고 있다.

2025년 8월 25일, 중국 부동산 개발업체 헝다(Evergrande) 그룹이 홍콩 증권거래소에서 상장 폐지되었다. 헝다 그룹이 채무 불이행에 빠진 것은 2021년이었다. 그 후에도 재건은 이루어지지 않았고, 2024년 1월 결국 청산 명령이 내려지며 거래가 정지된 끝에 상장 폐지라는 최후를 맞았다.

헝다 그룹이 안고 있던 부채는 약 50조 엔으로 알려졌다. 만약 그것으로 끝났다면 이번 청산으로 중국 부동산 시장은 바닥을 치고 살아날 가능성도 있었다.

그러나 진짜 문제는 따로 있다. 개발업자에게 자금을 대주는 지방 정부 산하 인프라 투자 회사 '지방융자기구(LGFV)'가 떠안고 있는 숨겨진 채무 잔고다. IMF(국제통화기금) 추계에 따르면 2027년 그 규모는 약 2,000조 엔에 이를 전망이다. 이것이 수면 아래 잠들어 있기 때문에, 본격적인 위기는 오히려 지금부터라고 할 수 있다.

'블랙 먼데이'의 교훈:
일본 버블 붕괴가 보여주는 암울한 미래

약 2,000조 엔 규모의 막대한 부채가 중국 경제에 얼마나 큰 타격을 줄지는, 1990년대 초반 일본 부동산 버블 붕괴와 비교해보면 이해하기 쉽다.

1980년대, 나는 《뉴욕타임스》에 기고문을 실은 적이 있다. 부동산 적정 가격은 '수익 환원 가격', 즉 미래에 얻을 임대 수입을 현재 가치로 환산한 금액이어야 한다. 그러나 당시 일본 부동산 업계는 주먹구구식으로 가격을 책정했고, 그 결과 근거 없는 지가 폭등이 일어났다. "야마노테선 안쪽 땅값만으로 미국 전 국토를 살 수 있다"는 말까지 나돌 정도였다.

이것은 단순 계산상의 이야기가 아니다. 실제로 도쿄 가부토초(금융가)에서 국수 가게를 하던 주인이 끝까지 퇴거를 거부한 끝에 보상금으로 무려 20억 엔을 받았다는 이야기가 전설처럼 전해지던 시절이었다.

이처럼 일본 전역에서 토지 가격이 실제 수요와 동떨어져 폭등했기 때문에, 나는 "도쿄 부동산 버블이 붕괴하면 뉴욕 증시도 폭락할 것이다"라고 경고했다.

그 기고문이 실린 직후 '블랙 먼데이(1987년 뉴욕 증시 대폭락)'가 터졌다. "오마에 겐이치가 방아쇠를 당겼다"는 말도 있었지만 내 탓으로 돌리는 건 어불성설이다. 금융 경제가 실물 경제와 심각하게 괴리되어 있었던 것이 근본 문제였다.

일본 버블은 그보다 조금 뒤에 무너졌다. 정부는 지가 상승 원인이 은행의 무분별한 토지 담보 대출에 있다고 보고, 금융기관에 '창구 규제(대출 한도 제한)'와 '총량 규제(부동산 대출 증가율 상한)'를 가했다. 이를 계기로 1990년 전후부터 지가가 하락하기 시작했다.

금융기관은 이후 약 100조 엔 규모의 부실채권을 처리한 것으로 알려져 있다. 당시 후쿠이 도시히코 일본은행 총재가 국회에서 밝힌 바에 따르면, 국가는 공적 자금 230조 엔을 투입했다. 그렇게 막대한 돈을 쏟아붓고도 할 수 있었던 건 겨우 '지혈'뿐이었다. 그 후 경제가 회복되지 않았다는 사실은 이른바 '잃어버린 30년'이 증명한다.

일본조차 이 지경이었다. 그런데 중국 부동산 부채는 추정 2,000조 엔이다. 금액만 단순 비교해도 중국발 버블 붕괴가 얼마나 파멸적일지 명확히 알 수 있다.

중국의 부동산 버블 붕괴가 불가피한 이유

중국 부동산 버블은 1980년대 실권자 덩샤오핑이 "먼저 부자가 될 수 있는 사람부터 부자가 되어라(선부론)"를 외치면서 시작되었다. 국민 기대치는 높아졌고 토지 투자 열풍이 불었다.

해안 지역의 부유층은 먼저 상하이 주변 아파트를 샀다. 기대감이 커진 사람들은 그 부동산을 담보로 돈을 빌려 쑤저우나 항저우 등 조금 떨어진 곳에 두 번째 아파트를 샀다. 그리고 그 담보 여력으로 지방에 세 번째 아파트를 샀다. 이런 연쇄 투자가 이어져 한 사람이 5~6채를 보유하는 경우도 흔했다.

하지만 실질 수요가 이를 따라잡지 못했다. '한 자녀 정책'이 30년간 지속되며 저출산 고령화가 심화되었기 때문이다. 10년 전 폐지되었지만, 교육비 폭등 등으로 사람들은 둘째 낳기를 포기했다. 지금 중국 합계출산율은 일본보다도 낮다. 젊은 세대가 줄면 집을 사거나 빌릴 사람도 준다. 일본보다 더 높은 기대치로 가격은 뛰었는데, 일본보다 더 심각한 저출산으로 수요는 줄었으니 버블 붕괴는 필연적이다.

문제는 그 바닥이 어디냐는 것이다. 세계 각지에서 부동산 버블 붕괴가 일어났지만(뉴욕, 런던, 스웨덴 등), 공통점은 가격이 계속 떨어지면 결국 매수자가 나타나 바닥을 친다는 것이었다.

보통 '반값 곱하기 80% 곱하기 50%', 즉 원래 가격의 20%(5분의 1) 수준까지 떨어지면 "이 정도면 싸다"며 사는 사람이 나타나 거래가 성립한다.

그러나 중국 부동산은 그 수준까지 떨어져도 매수자가 없을 가능성이 높다. 중국 주택 거래의 독특한 관습 때문이다. 일본이나 한국 아파트는 화장실, 주방, 인테리어가 완비된 상태로 분양되지만, 중국 신축 주택은 '마오피(毛坯)'라 하여 시멘트 골조만 있는 상태로 분양된다. 수전 설비도, 인테리어도 없다.

구매자는 집값 외에 막대한 리모델링 비용을 추가로 써야 살 수 있다. 그러니 집값이 20%로 폭락해도 배보다 배꼽이 더 커서 쉽게 뛰어들 수 없는 것이다.

집 내부만 미완성인 게 아니다. 핵심은 '귀성(鬼城)'이라 불리는 유령 도시다. 개발업자들은 지방 정부와 손잡고 도시를 개발했지만, 불황으로 공사가 멈추며 건물만 덩그러니 있고 도로나 버스 등 인프라가 전혀 없는 지역이 속출했다.

사람이 살고 싶어도 살 수 없는 황무지 속 아파트는 가격을 아무리 낮춰도 팔리지 않는다. 이 '귀성' 문제를 해결하지 않는 한, 중국 부동산 불황에 바닥은 없다.

중국의 부동산 버블 붕괴를 막는 유일한 방법

해결책이 아예 없는 건 아니다. 서구에서는 회수가 어려워진 부실채권을 전문 회수 회사나 펀드가 헐값에 사들여 끈기 있게 회생시킨 뒤 되파는 비즈니스 모델이 있다. 중국도 귀성을 이런 펀드에 넘기면 된다.

예를 들어 원래 가격의 20%까지 떨어진 귀성을 지역 단위로 묶어 약 10% 가격에 사달라고 제안하는 것이다. 지역 전체를 한 번에 살리기는 어려우니, 우선 건물 한 동만 완공해 20% 정도 가격에 분양한다. 동시에 행정에 협조를 구해 버스 노선 하나라도 깔게 한다. 이렇게 한 동씩 점진적으로 살려 나가면 10년 후에는 정상 가격의 50~60% 수준으로 가치를 회복할 수 있을 것이다.

원래는 중국 중앙정부가 이 '배드뱅크' 역할을 해야 한다. 하지만 10% 헐값이라 해도 전국에 널린 귀성을 다 떠안을 재정 여력이 없다. 지방융자기구도 줄도산하고 지방 재정은 파탄 날 것이다.

시진핑 1인 독재 체제하에서 유능한 테크노크라트들은 숙청당해 정부 내에 이런 복잡한 구조조정을 수행할 인재도 없다.

유일한 희망은 자금과 노하우를 겸비한 서구의 초대형 펀드, 예컨대 블랙록(BlackRock) 같은 곳에 문호를 개방하는 것이다. 그들이라면 기꺼이 헐값 매수에 나설지 모른다. 몇 개 실패하더라도 전체 포트폴리오에서 10년 만에 5배 수익이 난다면 매력적인 투자처이기 때문이다.

일본을 덮치는 불똥: 맨션 가격 폭등과 안보 위협

하지만 자존심 강한 시진핑이 서구 자본에 고개를 숙일 가능성은 희박하다. 결국 시진핑 정권하에서 이 문제는 해결되지 않고 불황은 끝없이 이어질 것이다.

우려되는 건 일본에 미칠 파장이다. 이미 '아파트 가격 상승'이라는 형태로 전조가 나타나고 있다. 현재 세계적으로 토지의 '등가교환' 현상이 일어나고 있다. 도심 고급 맨션은 금처럼 전 세계 공통 가치를 지닌 자산으로 취급된다.

글로벌 기준으로 볼 때 도쿄나 오사카의 알짜 부동산은 아직 저평가되어 있다. 홍콩 빅토리아 피크의 야경 보이는 맨션 60평형은 15억~60억 엔을 호가한다. 도쿄나 오사카도 조건에 따라 그 수준까지 오를 여지가 있다.

부동산 불황에 속수무책인 자국 정부에 실망한 중국 부유층은 안전하고 확실한 일본 부동산으로 눈을 돌리고 있다. 도쿄 도심이나 오사카 우메키타 등 재개발 지역의 고급 맨션 가격이 천정부지로 치솟는 배경에는 리스크 헤지를 위한 중국 자금의 유입이 있다.

한편, 해외로 도피할 수 없는 일반 중국 서민들의 삶은 불황으로 더욱 피폐해지고 사회 불만은 임계점에 달할 것이다. 궁지에 몰린 시진핑이 내부 불만을 외부로 돌리기 위해 '반일' 카드를 꺼내 들 가능성이 있다. 현지 일본인이 공격받거나 센카쿠 열도 등에서 군사적 긴장이 고조될 위험도 충분하다.

중국의 부동산 불황은 강 건너 불구경이 아니다. 그 메커니즘과 파급 경로를 이해해야만 일본의 자산과 안보를 지킬 수 있다.

중국 부동산 버블 붕괴는 일본 버블의 수십 배인 2,000조 엔대 부실채권과 '유령 도시'라는 난제를 안고 있다. 시진핑 정권은 자금도 해결책도 없는 진퇴양난에 빠져 있다. 서구 거대 자본에 손을 내미는 것 외엔 답이 없지만, 이를 거부하는 한 불황은 장기화될 것이다. 그 여파는 일본 부동산 폭등과 안보 위협이라는 형태로 반드시 돌아올 것이기에, 단순한 이웃 나라의 불행으로 치부해서는 안 된다.

용어

지방융자기구

중국 지방 정부가 인프라 개발 자금을 조달하기 위해 설립한 특수목적법인. 지방 정부는 법적으로 직접 채권을 발행하는 데 제약이 있어, LGFV를 통해 우회적으로 자금을 빌려왔다. 표면적으로는 독립 법인이지만 실질적으로는 지방 정부의 '숨겨진 지갑'이자 부채 은닉 수단이다. 부동산 침체로 토지 사용권 매각 수입이 급감하자 LGFV의 부실화가 중국 경제의 시한폭탄으로 떠올랐다.

귀성

중국 전역에 산재한 '사람이 살지 않는 신도시'. 지방 정부가 GDP 성장률 목표 달성을 위해 수요를 무시하고 무리하게 아파트와 상업 시설을 지은 결과물이다. 건물은 빽빽하지만 입주자가 없어 밤이면 불빛 하나 없는 유령 도시가 된다. 과잉 투자와 부동산 거품의 상징이며, 막대한 자원이 낭비된 현장으로 중국 경제의 구조적 모순을 적나라하게 보여준다.

22장

미·중 AI 패권 전쟁, 일본은 왜 '2류'조차 되지 못하는가?

중국발 생성형 AI '딥시크(DeepSeek)'가 세계를 뒤흔들면서 AI를 둘러싼 패권 경쟁이 더욱 가속화되고 있다. 미국과 중국 사이의 경쟁이 격화되는 가운데, 일본은 과연 스스로 미래를 그려낼 수 있을까? 국제사회의 냉혹한 AI 경쟁 속에서 일본은 어떤 선택을 강요받고 있는가?

1. 중국발 생성형 AI '딥시크'는 무엇이 그토록 획기적이었는가?
2. 중국은 어떻게 불과 몇 년 만에 AI 선진국으로 도약할 수 있었는가?
3. 일본은 왜 AI 개발 경쟁에서 미국과 중국에 밀려 2류 그룹에도 끼지 못하게 되었는가?

딥시크(DeepSeek), 엔비디아, 국제탁월연구대학

'딥시크 쇼크': 저비용 칩으로 오픈AI를 따라잡다

중국발 생성형 AI '딥시크(DeepSeek)'의 충격은 엄청났다. 미국과 중국의 AI 개발 경쟁은 더욱 격화될 것이며, 일본은 이미 완전히 뒤처진 모습이다.

2025년 1월 20일, 중국의 AI 벤처기업 딥시크(항주심도구색인공지능기초기술연구유한공사)가 'DeepSeek-R1'의 정식 버전을 발표했다. 이 회사의 뿌리는 창업자 량원펑이 설립한 헤지펀드 '하이플라이어(High-Flyer)'다. 하이플라이어는 AI를 활용해 투자하는 퀀트 펀드로, 펀드 운용을 위해 만들어진 AI 기술개발 부서가 훗날 딥시크로 발전했다.

세계 AI 개발자들을 경악하게 한 것은 'DeepSeek-R1'의 개발 비용이다. AI 모델 개발에는 통상적으로 최첨단 CPU와 GPU를 대량으로 확보해 AI 학습을 진행한다. 실제로 미국 기업들은 엔비디아의 고성능 칩 'H100'을 10만 개 단위로 구매해 개발 환경을 구축하고 있다.

그에 비해 딥시크가 사용한 것은 훨씬 저렴한 칩이었다. 미국은 안보상의 이유로 대중(對中) 수출 규제를 시행하고 있다. 량원펑 대표는 규제 이전에 구세대 모델인 'A100'을 개인적으로 1만 개 확보했다. 그리고 수출 규제가 강화되기 직전, 딥시크는 'H800'을 2,048개 추가 구매했다. H800은 엔비디아가 미국의 수출 규제를 피하기 위해 성능을 낮춰 중국 시장용으로 개발한 칩으로, H100보다 성능은 떨어지지만 가격은 저렴하다.

이러한 저사양 칩을 활용해 개발된 'DeepSeek-R1'은, 오픈 AI가 2024년 9월 공개한 모델 'OpenAI-o1'에 필적하는 성능을 보여주었다. 즉, 저비용·저자원으로 개발된 모델이 막대한 연산 자원을 쏟아부어 만든 최첨단 모델을 불과 몇 달 만에 따라잡은 것이다.

딥시크가 저자원 개발을 실현할 수 있었던 비결은 'MoE(Mixture of Experts, 전문가 혼합)'라는 기술 덕분이라고 한다. 이는 모든 데이터베이스를 전부 탐색하며 답을 찾는 기존 방식과 달리, 질문에 대한 정답을 도출할 가능성이 높은 일부 전문가 모델(영역)만을 선택해 집중적으로 처리하는 방식이다. 매우 효율적이고 영리한 접근이라는 평가를 받는다.

한편, 'OpenAI-o1' 같은 대규모 교사 모델의 지식을 추출해 학습하는 '지식 증류'라는 방법(일각에서는 '표절'이라 부르는)을 이용했다는 지적도 있다. 여기서 세부적인 기술 검증은 생략하겠지만, 고성능·고가격 GPU를 대량으로 확보하지 않아도 최첨단 모델에 필적하는 AI를 만들 수 있다는 사실만큼은 분명히 입증했다. 이 공개 직후인 1월 27일, 엔비디아 주가가 전주 대비 17%나 폭락한 것이 그 충격을 대변한다.

결핍이 낳은 혁신: 구소련의 교훈과 중국의 생존법

이런 일련의 전개를 보며 내가 떠올린 것은 구소련 붕괴 이후 미국 기업들의 움직임이다. 1980년대 미국 반도체 기업 인텔은 막대한 개발 자금을 투입해 업계를 선도하고 있었다. 그 방식으로 승리해왔으니 일반적이라면 계속 물량 공세 전략을 펼쳤을 것이다.

그러나 인텔은 구소련이 붕괴하자마자 모스크바로 날아가 교외에 연구소를 설립하고 개발자들을 모았다. 냉전 말기 구소련은 물자가 부족했고 연구 환경도 열악했다. 하지만 바로 그 '제약'이 창의적 발상을 낳았다. 인텔은 좁은 면적 안에 회로를 밀도 높게 집적하는, 자원 제약 속에서 피어난 창의적 기술을 얻고자 했던 것이다. 실제로 항공기 제조사 보잉 역시 수호이(Sukhoi)나 투폴레프(Tupolev)의 기술자들을 적극적으로 영입해 같은 효과를 봤다.

중국의 딥시크 역시 자원 제약이라는 핸디캡 안에서 창의적 연구를 축적해온 벤처다. 압도적인 자원을 투입해 AI 개발을 진행해온 미국 빅테크 입장에서 결코 무시할 수 없는 위협적인 존재가 된 것은 분명하다.

중국의 AI 기술은 미국에 뒤지지 않는다

딥시크는 2023년 설립된 신생 벤처지만, 약 2년 만에 전 세계 생성형 AI 개발 경쟁의 최상위 그룹에 진입했다.

중국은 전체주의 국가로, 인터넷에 시진핑 주석에 대한 비판을 올리는 것은 불가능하며 1989년 톈안먼 사건 정보도 거의 찾아볼 수 없다. 이처럼 정보 통제가 강력한 국가에서는 생성형 AI의 정밀도를 높이는 데 구조적 한계가 있다는 것이 기존의 일반적인 견해였다.

그러나 2025년 1월, 레전드캐피탈(Legend Capital)의 박준성 CIO가 내가 주최한 공부 모임에서 강연을 한 뒤, 나의 시각은 완전히 바뀌었다. 박준성 CIO는 BTS 소속사 하이브(HYBE)와 일본의 애니컬러(ANYCOLOR) 등에 투자해 상장까지 이끌어낸 아시아 최고 수준의 투자자다.

그는 데이터를 제시하며 중국의 AI 개발 역량이 미국보다 결코 뒤처지지 않는다는 점을 설명했다. 세계 연구기관의 AI 분야 논문 발표 상위권을 보면 1위부터 9위까지 중국의 대학 및 연구기관이 독점하고 있으며, 10위에 가서야 간신히 MIT가 등장한다.

덧붙여 딥시크 창업자 량원펑이 졸업한 항저우 소재 저장대학교는 세계 5위다. 그 밖에도 상하이교통대, 하얼빈공업대 등 베이징대·칭화대 이외의 지방 대학들도 다수 상위권에 포진해 있다. 중앙집권 국가인 중국에서 지방 기업가와 지방 대학들이 강세를 보이기 시작한 점은 주목할 만하다.

베이징의 정치적 압박을 싫어하는 경영자나 연구자들은 예전부터 항저우가 있는 저장성, 장쑤성 등 중앙정부 감시가 상대적으로 약한 지역으로 모여들었고, AI 분야에서 그 결실을 보고 있는지도 모른다. 논문의 질도 이를 뒷받침한다. 논문 평가의 기준인 인용 횟수를 보면 안면 인식 기술 분야 상위 5편 중 3편, 신원 인식 분야 상위 5편 중 4편이 중국 논문이다.

중국의 AI가 약진한 이유는 두터운 기술자층 덕분

왜 중국에서 AI 연구가 활발할까? 그 이유 중 하나는 애초에 중국에는 이공계 연구자 풀(Pool) 자체가 엄청나다는 점이다. 중국의 이공계 학부생은 매년 200만 명 이상으로, 미국의 약 6배에 달한다. 박사과정 수료자는 연간 5만 명 가까이 배출되며, 이는 미국의 약 2배다. 단순히 저변만 넓은 게 아니다. 2022년 기준 AI 분야 상위 2% 연구자들의 출신국을 보면 미국이 28%로 1위지만, 중국은 25%로 턱밑까지 추격했다. (참고로 3위 인도는 7%, 4위 프랑스는 5%다.) 양적 측면뿐 아니라 질적 측면에서도 AI 연구는 이미 미·중 양강 구도다.

흥미로운 점은 상위 2% 연구자의 '활동 국가'다. 1위는 단연 미국(57%)이고, 2위 중국은 12% 수준으로 큰 격차가 있다. 이 데이터는 중국 출신의 뛰어난 AI 연구자 상당수가 미국 기업이나 연구기관에서 활동하고 있음을 시사한다. 실제로 오픈AI에서 AI 개발을 담당하는 연구자의 약 20%가 중국 출신이다. 과거 인텔과 보잉이 구소련 기술자를 흡수했듯, 미국 AI 기업들도 이미 중국 기술자를 핵심 인력으로 쓰고 있는 셈이다.

중국은 AI의 실장(상용화)도 빠르게 진행 중이다. 특히 로보틱스와의 결합이 주목된다. 베이징에서는 특정 구역이지만 자율주행 로보택시가 실제 운행되고 있다. 2016년 설립된 유니트리(Unitree)의 4족 보행 로봇 역시 인상적이다. 탑재된 AI를 통해 자가 학습과 자율 탐색이 가능하며 복잡한 지형도 무리 없이 이동한다. 이 기술이 군사 분야에 투입되는 장면을 상상하면 등골이 서늘해진다.

일본 기업은 이제 AI 개발의 2위 그룹에도 들지 못하고 있다

중국이 단숨에 AI 선진국으로 도약한 것은 사실이다. 하지만 중국이 계속 우위를 점할 것이라고 단정할 수는 없다. 실제로 'DeepSeek-R1' 공개 당일, 베이징에서는 리창 총리가 좌담회를 열고 량원펑 CEO를 초청해 연설하게 했다. 이 시점을 보면 중국 정부가 딥시크를 전면 지원하겠다는 메시지를 대내외에 과시한 셈이다.

정부가 나서면 자금과 인재가 모이는 순풍이 불겠지만, 지금까지 제약 속에서 창의성을 발휘해온 벤처기업에 과도한 국가 개입은 오히려 독이 될 수 있다. 냉전 종식 후 구소련 항공 산업이 정체된 것처럼, 베이징과 거리를 뒀기에 가능했던 혁신이 앞으로는 어려워질 수 있다.

반면 미국에는 중국의 급부상이 좋은 자극제다. 트럼프 대통령은 딥시크를 '자명종 시계'라고 표현했다. "반도체나 전력의 힘은 여전히 중요하지만, 단순한 물량에만 의존하면 발목 잡힐 수 있다. 이를 깨닫게 해준 점에서 딥시크에 감사한다." 트럼프 치고는 보기 드물게 정곡을 찌른 발언이다. 개발 비용이 낮아지는 건 미국 기업에도 큰 혜택이며, 강력한 경쟁자는 발전 속도를 더 빠르게 한다.

한편, 세력을 키워가는 미국이나 중국과 비교하면 일본의 AI 개발은 처참한 수준이다. '국제탁월연구대학'에 10조 엔 단위 펀드를 조성할 정도니 정부에 돈이 없는 건 아니다. 압도적으로 부족한 것은 '인재'다.

앞서 AI 분야 상위 2% 연구자 출신국이 미·중에 집중되어 있다고 했는데, 일본은 독일(4%), 캐나다(2%)보다도 낮아 상위 6개국에도 못 들고 '기타'로 분류된다. 즉, 2위 그룹에도 끼지 못하는 신세다.

일본에 AI 연구자가 부족한 원인은 대학의 경직된 구조에 있다. 일본 대학은 수십 년 전 실적만으로 교수 자리를 꿰찬 연구자들이 자리를 지키고 있으며, 해외 우수 연구자를 초빙하는 유연한 시스템도 없다. 젊은 연구자들이 미국이나 중국에서 배우고, 미·중의 우수 인재를 영입해 신진대사를 촉진해야 한다. 10조 엔을 쏟아부어도 낡은 시스템을 유지하는 데 쓴다면, 일본은 영원히 AI 개발도상국으로 남아 국가 경쟁력을 상실하게 될 것이다.

중국은 세계 최상위급 논문 수와 창의적 혁신, 두터운 인재 풀을 바탕으로 미국을 맹추격하는 AI 강국으로 부상했다. 로보틱스 등 실용화 분야에서도 앞서가며 트렌드를 주도하고 있다. 반면 일본은 경직된 대학 제도와 인재 부족으로 뒤처지고 있다. 근본적인 개혁 없이 돈만 쓴다면 AI 후진국으로 전락해 쇠퇴의 길을 걷게 될 것이다.

딥시크(DeepSeek)

중국 항저우에 거점을 둔 AI 스타트업(2023년 설립). 퀀트 펀드 '하이플라이어' 창업자 량원펑이 설립했다. 고가의 최신 칩 대신 저렴한 칩과 효율적인 알고리즘(MoE 등)을 활용해, 저비용으로 고성능 거대언어모델(LLM)을 개발하는 전략으로 주목받았다. 2025년 1월 공개한 'DeepSeek-R1'은 미국 빅테크에 큰 충격을 주며 중국 AI 기술력의 상징이 되었다.

엔비디아(NVIDIA)

1993년 젠슨 황 등이 설립한 미국의 반도체 기업. 초기에는 게임용 그래픽처리장치(GPU) 개발에 주력했으나, GPU의 병렬 처리 능력이 AI 연산에 최적화됨을 입증하며 AI 시대의 핵심 인프라 기업으로 성장했다. 생성형 AI 개발에 필수적인 고성능 칩 시장을 사실상 독점하고 있다.

국제탁월연구대학

일본 문부과학성이 대학의 연구 역량을 국제적 수준으로 높이기 위해 지정·지원하는 제도. 선정된 대학은 10조 엔 규모의 '대학 펀드' 운용 수익을 바탕으로 연간 수백억 엔의 지원을 받는다. 2024년 도호쿠대학이 첫 번째로 선정되었다. 자금 지원을 통해 세계 톱 클래스 연구 대학을 육성하겠다는 목표지만, 인적 쇄신 없이는 밑 빠진 독에 물 붓기라는 비판도 있다.

23장

인구가 적은 독일은 어떻게 일본의 GDP를 넘어섰는가?

2023년, 독일은 GDP 기준으로 일본을 추월하며 세계 3위 경제 대국으로 올라섰다. 두 나라는 모두 제2차 세계대전 패전국으로서 지난 80년을 걸어왔으며, 제조업에 강하고 영어가 모국어가 아니라는 등 공통점도 많다. 일본을 제치고 독일이 부상하게 된 배경에는 어떤 결정적 차이가 있었을까?

논점

1. 같은 패전국으로 출발한 일본과 독일은 80년 후 왜 서로 다른 경제적 운명을 맞이했는가?
2. 일본과 독일의 '성장 분기점'은 어디였으며, 무엇이 양국의 경쟁력을 갈랐는가?
3. '학습 방식'과 '반성 방식'의 차이는 왜 국가와 기업의 장기적 성과를 결정짓는가?

용어

직무 중심 고용, 인더스트리 4.0(Industry 4.0),
롤랜드버거(Roland Berger)

인구는 3분의 2, GDP는 역전: 일본은 왜 독일에 뒤처졌는가?

일본과 독일의 격차가 점점 벌어지고 있다. 일본의 명목 GDP가 독일에 추월당해 세계 4위로 내려앉은 것은 2023년이었다. 당시 내각부 통계에 따르면 두 나라의 GDP 차이는 약 2,455억 달러였으나, IMF의 2025년 4월 추정치를 보면 2025년에는 일본이 약 4조 1,864억 달러, 독일이 약 4조 7,448억 달러로 그 격차가 약 5,584억 달러, 즉 2배 이상 확대될 전망이다.

2010년 중국에 추월당해 2위에서 3위로 밀려났을 때는 일본인 중 일부가 "중국은 인구가 압도적으로 많으니(일본의 10배 이상) 어쩔 수 없다"며 위안을 삼기도 했다.

하지만 독일을 상대로는 그런 변명이 통하지 않는다. 2023년 기준 인구는 일본이 약 1억 2,000만 명인 데 비해, 독일은 약 8,400만 명이다. 즉, 일본은 인구가 약 3분의 2에 불과한 나라에 경제 규모로 패배한 것이다. 당연히 1인당 명목 GDP(IMF 2025년 추정치 기준)도 독일이 약 5만 5,911달러, 일본은 3만 3,956달러로 완패다. 이는 변명의 여지가 없는 국력의 차이이다.

'재팬 애즈 넘버원'의 시대, 독일은 일본을 배우려 했다

경제 발전에서 먼저 앞서 나간 것은 일본이었다. 전후 일본은 로봇화와 품질관리(QC) 등 다양한 혁신을 추진하며 '제2의 물결(산업화)' 흐름에 올라타 세계 2위의 경제 강국으로 성장했다. 미일 무역 마찰로 미국의 견제를 받고 1985년 플라자 합의로 엔고(円高) 타격을 입기 전까지는 비교적 순조롭게 성장했다고 할 수 있다.

그런 일본을 본보기로 삼으려 했던 나라가 바로 독일이다. 나는 지금까지 약 200회 유럽을 방문했는데, 그중 절반가량이 독일 출장이었다. 독일을 자주 방문한 이유는 정계와 재계에서 "일본의 성공 비결을 알고 싶다"는 요청이 쇄도했기 때문이다.

예를 들어 남서부 바덴-뷔르템베르크주의 로타르 슈페트 주지사(당시)는 일본 모델에 지대한 관심을 보였고, 알프레트 헤르하우젠 도이체방크 회장(당시)과 함께 유럽 대기업 임원들을 모아놓고 내게 일본 관점에서의 제언을 구하기도 했다.

하지만 당시 독일은 일본을 배우면서도 격차를 쉽게 줄이지 못했다. 주요 이유는 두 가지다. 첫째는 노동조합이다. 일본 제조업체는 생산 현장에 산업용 로봇을 과감히 도입했지만, 독일에서는 노조가 고용 감소를 우려해 도입을 견제하면서 자동화가 더디게 진행되었다. 둘째는 인구 문제다. 당시 동서독 통일 이전이라 구 서독 인구는 약 6,300만 명으로 일본의 절반 수준에 불과했다. GDP에서 일본을 따라잡으려면 이론적으로 2배의 생산성을 내야 하는데, 로봇화마저 어려운 상황에서 그것을 기대하는 건 무리였다.

중소기업이 많은 독일과 일본에서 DX에 차이가 발생한 이유

공업화 초기에는 차이가 있었지만, 이후 일본과 독일 기업의 행보는 비슷했다. 바로 미국 기업 M&A(인수합병)였다. 독일 3대 화학 기업인 BASF, 바이엘, 훽스트(현 사노피로 통합)는 모두 미국 기업을 인수했다. 훽스트는 1987년 셀라니즈를 인수해 합병했고, 자동차 산업에서는 1998년 다임러(현 메르세데스-벤츠 그룹)가 미국 빅3 중 하나인 크라이슬러를 사실상 인수했다. 하지만 이런 M&A는 대부분 실패로 끝났다. 훽스트는 성과를 못 내고 셀라니즈를 분리했고, 다임러는 결국 크라이슬러를 매각했다.

일본 기업도 미국 기업 M&A에서 쓴맛을 봤다. 마쓰시타전기(현 파나소닉 HD)는 1970년대 모토로라 가전 부문을 인수해 'Quasar(퀘이사)' 브랜드를 이어받았지만, 모토로라 상표권을 가져오지 못해 북미에서 인지도가 낮은 브랜드로 고전해야 했다.

일본과 독일이 M&A에서 실패한 공통적인 원인 중 하나는 '영어 능력'이었다. 과거 독일인은 일본인처럼 영어를 잘못했다. 북유럽이나 베네룩스 3국 국민은 영어가 유창했지만,

프랑스인과 독일인은 자국어에 대한 자부심이 강해 영어를 적극적으로 배우지 않았다.

영어가 통하지 않으면 미국 기업 경영진 및 현장 직원과 소통이 안 된다. 의사소통 부재는 정보 불일치를 낳고 현장 사기를 떨어뜨린다. 이런 '문화·언어의 벽' 때문에 일본과 독일 모두 미국 기업 경영에 어려움을 겪었다.

여기서 운명이 갈렸다. 일본 기업의 대책이 늦어지는 사이, 독일 기업은 통렬하게 반성하고 인사 전략을 뜯어고쳤다. 화학·자동차 기업들이 '영어로 경영 가능한 인재'를 관리직 채용 필수 조건으로 내걸었다. 그 결과 독일에서는 화학·자동차 업계가 여전히 인기 취업처였기에 영어 교육 열풍이 불었고 인재들의 글로벌 역량이 급상승했다.

또한 독일은 고용 방식도 바꿨다. 전통적인 멤버십형 고용에서 벗어나 미국식 '직무 중심 고용'을 도입해 성과와 역할을 중시하기 시작했다.

반면 일본 기업은 실패 원인을 제대로 분석하지 못했고 개선도 없었다. 반성이 없으니 같은 실패를 반복했다. 파나소닉이 대표적이다. 모토로라 인수 실패 후, 소니의 CBS 레코드 인수에 대항해 MCA를 인수했지만 또 실패했다. MCA가 오사카에 지은 유니버설스튜디오재팬(USJ)도 적자를 못 면해 결국 골드만삭스 등에 매각했다. 최근 인수한 블루욘더(Blue

Yonder)도 아직 뚜렷한 성과를 못 내고 있다.

'제3의 물결'인 IT화(디지털 전환) 대응에서도 격차가 벌어졌다. 독일은 일본처럼 중소기업 비중이 높은 나라다. 중소기업은 자금과 인력이 부족해 IT화가 어렵다. 하지만 독일은 국가 차원에서 2010년대 '인더스트리 4.0' 정책을 추진했고, 롤랜드버거 같은 컨설팅 회사가 정책 구상에 참여해 중소기업에 전문 인력을 파견하며 디지털화를 지원했다.

일본에도 IT 컨설팅 회사는 있지만 대기업 중심이었고 중소기업은 소외됐다. 공업화 시기에는 일본능률협회 등이 중소기업 생산성 향상을 도왔지만 IT 분야는 약했다. 즉, 일본에는 독일 롤랜드버거처럼 중소기업의 디지털화를 종합 지원하는 민간 플레이어가 부족하며, 이것이 지금까지도 일본 DX(디지털 전환)의 발목을 잡고 있다.

6주 휴가를 즐기면서도
일본의 1.7배를 벌어들이는 독일의 생산성

독일이 일본을 추월한 요인으로 인구 증가도 무시할 수 없다. 구 서독 인구는 일본의 절반이었지만, 통일과 이민자(주로 터키계) 수용으로 인구가 크게 늘었다. 현재 독일 인구 구성은 구 서독 출신 60%, 구 동독 출신 25%, 이민자 15%로 추정된다. 인구가 정점을 찍고 감소세며 이민자 비율도 3%에 불과한 일본과는 대조적이다.

물론 독일의 성장은 단순히 머릿수 때문만은 아니다. 핵심은 '높은 생산성'이다. 과거 일본인처럼 근면함이 무기였던 독일인은 이제 장시간 노동을 하지 않는다. 잔업을 기피하는 문화가 정착되어, 독일계 기업 사무실에 가보면 정시 후 남아 있는 사람은 일본에서 파견 온 직원뿐이라는 우스갯소리가 있을 정도다.

휴가도 많다. 독일은 법적으로 연간 최소 20일(주 5일 기준 4주)의 유급 휴가를 보장하는데, 기업들은 그 이상인 연간 30일(6주) 정도를 제공한다. 여름에 4주 동안 이탈리아 등지에서 휴가를 보내고, 겨울에는 자녀 스키 방학에 맞춰 1주, 나머지 1주는 가족 여행으로 쓰는 식이다.

어설픈 '갈라파고스'를 버리고
독일의 '개국(開國)' 모델을 직시하라

숫자로 봐도 차이는 명확하다. OECD에 따르면 2023년 1인당 연간 노동시간은 일본 약 1,611시간, 독일 약 1,343시간이다. 일본도 근로 방식을 개혁해 노동시간을 줄였다지만, 독일에는 한참 못 미친다.

원래 근면했던 독일인이 변한 이유는 1993년 EU 발족으로 타 유럽 국가의 가치관이 유입되었기 때문이다. 특히 '가족과 휴가를 즐기기 위해 일한다'는 이탈리아인의 삶의 방식이 독일인에게 영향을 준 것으로 보인다.

단순히 일만 안 하면 생산량은 줄어든다. 그래서 독일은 '경영의 글로벌화'와 '철저한 IT화'로 생산 효율을 극대화했다. 그 결과 2023년 OECD 통계 기준 독일의 시간당 노동생산성(PPP 환산)은 약 97달러로, 일본(57달러)의 약 1.7배에 달한다. 인구 차이는 줄었는데 생산성은 압도적으로 높으니, 독일이 일본을 추월하는 건 당연한 귀결이다.

독일과 비교하면 일본은 영어, 직무형 고용, IT화, 이민 수용, 근로 방식 개혁 등 모든 분야가 어정쩡하다. 지금이야말로 현실을 솔직하게 인정하고 독일에서 배우겠다는 자세를 갖춰야 한다.

일본이 GDP에서 독일에 추월당한 것은 우연이 아니다. 독일 기업은 영어 능력 강화, 직무형 고용 도입, 산업 전반의 디지털화(인더스트리 4.0), 과감한 이민 수용을 통해 생산성을 비약적으로 높였다. 반면 일본은 영어, IT, 고용 유연성, 근로 개혁 어느 것 하나 제대로 완수하지 못한 채 어정쩡한 상태에 머물러 있다. 지금 일본에 필요한 것은 '과거의 영광'이 아니라, 현실을 직시하고 독일의 혁신 모델을 철저히 벤치마킹하는 겸허한 자세다.

용어

직무형 고용

직무 내용을 명확히 정의하고, 해당 업무에 가장 적합한 전문성을 가진 인재를 채용·평가하는 고용 형태. 연공서열과 종신고용을 전제로 사람을 뽑은 뒤 보직을 맡기는 일본식 '멤버십형 고용'과 대조된다. 성과 중심이며 전직이 자유로운 글로벌 노동 시장의 표준으로 통한다.

인더스트리 4.0(Industry 4.0)

독일 정부가 주도한 제4차 산업혁명 전략. IoT(사물인터넷), AI, 빅데이터 등을 제조업에 접목해 공장과 설비를 네트워크로 연결하는 '스마트 팩토리'를 구축, 생산 효율과 유연성을 획기적으로 높이는 것을 목표로 한다. 독일 제조업 경쟁력 유지의 핵심 동력이다.

롤랜드버거(Roland Berger)

　1967년 창업자 롤랜드 버거가 독일 뮌헨에 설립한 유럽 최대 규모의 전략 컨설팅 기업. 영미권 컨설팅사와 차별화된 유럽적 시각을 중시하며 글로벌 활동을 전개하고 있다. 특히 자동차, 제조업, 에너지, 공공 정책 분야에 강점을 보유하고 있으며, 기업의 재편·구조 개혁부터 국가 차원의 산업 전략 수립까지 폭넓은 자문을 제공한다. 독일 정부의 '인더스트리 4.0' 구상 수립과 실행에 중추적으로 참여해 산업 디지털화와 스마트팩토리 추진에 이론적·실무적으로 크게 기여했다. 최근에는 유럽발 지식과 경험을 바탕으로 지속가능경영, ESG 경영, AI 시대의 산업 경쟁력 강화 등 차세대 경영 과제 해결에도 앞장서고 있다.

일본의 논점
2026-2027

초판 1쇄 인쇄 2026년 2월 6일
초판 1쇄 발행 2026년 2월 13일

지은이 오마에 겐이치
옮긴이 이정환
발행인 선우지운
편집 허유진
디자인 디스커버
제작 예인미술
출판사 여의도책방
출판등록 2024년 2월 1일(제2024-000018호)
이메일 yidcb.1@gmail.com

ISBN 979-11-995683-7-2 (03320)

* 저자와 출판사의 허락 없이 내용의 일부를 인용하거나 발췌하는 것을 금합니다.

* 잘못되거나 파손된 책은 구입한 서점에서 바꾸어 드립니다.

* 책값은 뒤표지에 있습니다.